GERHARD S. BAROLIN
Beziehungsfacetten

Wiener Vorlesungen
Konversatorien und Studien
Band 20

Herausgegeben für die Kulturabteilung der Stadt Wien
von Hubert Christian Ehalt

Gerhard S. Barolin

Beziehungsfacetten

Die Vielfalt menschlicher Beziehungen
vom Mutterbauch bis zum Lebensabschied

Mit Beiträgen von
Karin Matuszak-Luss

Verlag Lehner

Die Drucklegung erfolgte mit freundlicher Unterstützung des Bundesministeriums
für Wissenschaft und Forschung sowie des Magistrats der Stadt Wien, MA 7,
Wissenschafts- und Forschungsförderung

Copyright © 2010 Verlagsbüro Mag. Johann Lehner Ges.m.b.H.
1160 Wien, Redtenbachergasse 76/7
Alle Rechte vorbehalten
Umschlaggestaltung:
Hubert Christian Ehalt unter Verwendung einer Graphik von Aristide Maillol
ISBN 978-3-901749-87-2
www.verlag-lehner.at

Vorwort

Gerhard S. Barolin ist ein origineller Wissenschafter und ein unverwechselbarer, authentischer Mensch, er war in seinen Fachgebieten der Neurologie, Neurorehabilitation und Psychotherapie in Graz, Wien, Innsbruck, Valduna/Rankweil, Marseille, Paris, Göttingen und Riga tätig.

Das Buch „Beziehungsfacetten" dokumentiert, dass er seine Zeit, seine Beobachtungsgabe und sein wissenschaftliches Instrumentarium optimal genützt hat. Der vorliegende Text zeugt von Wirklichkeitssinn – er analysiert schlüssig und präzis – und von Möglichkeitssinn; er lässt die „Wirklichkeit der Menschen" offen. Die Menschen sind ja frei in ihren Handlungen und in der Gestaltung ihrer Agenda und sind durch die Forschung – und dazu bekennt sich Barolin – auch nicht zu determinieren, wie das die aktuelle Neurophysiologie bisweilen möchte.

Gerhard S. Barolin legt einen ungeheuer anregenden Befund über die Vielfalt menschlicher Beziehungen vor. Er weiß, wovon er spricht, als Forscher, aber auch als Mensch, der sein Leben als einen Erfahrungsraum zu nützen wusste und weiß. Die Erfahrung, dass Wissenschafter, die sich nicht mehr im Karrierestrudel nach oben drängen müssen, mehr sehen, bestätigt sich hier in aller Deutlichkeit. Barolin kennt die aktuelle Theorie, er hat eine reiche Erfahrung aus seiner Praxis, und er war und ist auch bereit, Wissensbestände aus der Literatur, aus der Geschichte, aus dem Alltag in seinen Befund zu integrieren. Es liegt ein Buch vor, dem man jedenfalls nicht den Vorwurf machen kann, dass es graue Theorie über den grünen Baum des goldenen Lebens ist.

Beziehungen sind immer und überall – zur Mutter, zum Vater, zu den Geschwistern, zu den Großeltern, zu den Tanten und Onkeln, zu anderen Kindern, zu Freundinnen und Freunden, zu LehrerInnen, zu ArbeitskollegInnen, zu den Liebes- und SexualpartnerInnen –, vom Anfang des Lebens im Bauch der Mutter, bis zum Lebensende, bei dessen Reflexion Gerhard Barolin lustvoll ein Wienerlied zitiert. „Denkts euch: was sein muss, muss sein!"

Die Menschen sind, was sie sind über Beziehungen. Sie tauschen sich implizit und explizit ständig mit anderen aus, mit ihren Liebsten und ihren Nächsten, aber auch mit ihren Gegnern und ihren Feinden. Die menschliche Identität entsteht in einem komplexen Wechselwirkungsprozess zwischen individuellem und kollektivem Wissen und Gedächtnis. Was wir wissen, wer wir sind, ist stets auch ein Reflex auf die Menschen, die uns umgeben, in den engeren und weiteren konzentrischen Kreisen des Gesellschaftlichen.

Über Beziehungen kann kein noch so gutes Lehrbuch definitiv urteilen. Beziehungen sind stets das, was zwischen Menschen immer wieder und stets aufs Neue geschieht. Jede Beziehung fügt dem Arsenal von Milliarden Erfahrungen und Geschehnissen ein neues Ereignis und eine neue Reflexion hinzu. Beziehungen muss man stets erleben, genießen und betrauern, man sollte sie aber auch reflektieren. Die Reflexion beruhigt und stimuliert gleichermaßen die Affekte für das nächste Mal. Gerne greift Barolin in diesem Zusammenhang auf den Befund eines Experten eines ganz anderen Beobachtungsressorts zurück – auf den legendären Detektiv Walter Penk-Lipovsky, der sich wiederum im Hinblick auf Liebesbeziehungen auf ein Diktum des österreichischen Schauspielers und Filmregisseurs Willi Forst bezieht. „Frauen muss man nicht verstehen, man muss sie lieben", wobei die analytische Meinung des Autors Barolin im Lieben und Verstehen jedenfalls keinen Gegensatz, sondern eine notwendige Ergänzung sieht.

Der vorliegende Band, den die Wiener Vorlesungen mit Überzeugung in die Buchreihe „Konversatorien und Studien" aufgenommen haben, bietet ein gleichermaßen kompetentes und anregendes Handbuch der Beziehungskunde. Gerhard S. Barolin kennt die Literatur aus den Disziplinen der Anthropologie, der Soziologie und natürlich die seiner Heimatdisziplinen, der Psychotherapie und der Neurophysiologie, und er hat die Ergebnisse dieser Fächer mit seinen eigenen Forschungsergebnissen originell und konstruktiv verwoben. Bücher sind immer noch ein Teil jener Zeitlosigkeit, die uns Menschen geschenkt ist, als AutorInnen, als LeserInnen, als Ideenspeicher, als Objekte in entsprechenden Regalen und als reale und virtuelle Karteikarten in den Archiven und Bibliotheken der Welt.

Hubert Christian Ehalt

1. Einleitung, Zusammenfassung und Absichtserklärung in einem

Beziehung gibt unserem Leben erst die **Lebensqualität**.
„Das Wichtigste ist doch Gesundheit!", sagen Sie vielleicht. Es ist aber so, dass man mit guter Beziehung auch Krankheit und Behinderung besser aushalten kann; dass ohne gute Beziehung auch Gesundheit leer und öd sein kann. Ich möchte also Beziehung als die wichtigste Determinante für unser Leben bezeichnen. Daher antworte ich, wenn mir zu Neujahr gesagt wird: „Ich wünsche Ihnen alles Gute, vor allem Gesundheit": „Ich wünsche Ihnen auch alles Gute, vor allem aber gute Beziehung."

Mit guter Beziehung kann man auch Krankheit besser aushalten, und ohne gute Beziehung kann auch Gesundheit leer und ohne Freude sein. Beziehung ist eine der wichtigsten Komponenten für **Lebensqualität**.

Der Begriff Beziehung wird sehr unterschiedlich gebraucht.[1] Daher sei näher gesagt, was hier darunter verstanden wird.

Unsere erste Beziehung, die Mutterbeziehung, nehmen wir aus dem Fruchtwasser mit. Späterhin bilden sich vielfache Beziehungen, die jedoch nicht isoliert bestehen, sondern einander wechselseitig beeinflussen.

Damit aus einer zufälligen Begegnung eine Beziehung wird, muss **Bemühen** da sein, das entstehende Gefühl muss gepflegt und aufgebaut werden. Es muss längere Zeit bestehen, kann sich in der Intensität verändern, im Laufe der Zeit stärker und schwächer werden, neutral enden oder in negative Gefühle bis zum Hass umschlagen.

Die Beziehung kann **unterschiedliche Qualitäten** haben: liebevoll, respektvoll, distanziert oder nahe, aber sie ist immer eine positive zwischenmenschliche Qualität.

Erotik und Sexualität sind wichtige Faktoren in der Mann-Frau-Beziehung, aber keineswegs alles.

Beziehung kann die **mathematischen Gesetze umkehren**. Denn wenn man Freude mit einem Menschen, mit dem Beziehung besteht, teilt, so

---

[1] Im „Wörterbuch der Psychotherapie" von *Stumm/Pritz* (2. Auflage 2009; Wien–New York: Springer) finden wir, was die verschiedenen psychotherapeutischen Schulen Unterschiedliches darunter verstehen.

wird die Freude dadurch nicht halb, sondern doppelt so groß. Beim Leiden stimmt die Mathematik wieder. Denn wenn man jemanden hat, der mit einem mitfühlend das Leiden teilt, so wird dadurch das Leid geringer und leichter erträglich.

Das Gegenteil von Beziehung ist **Einsamkeit**, und Einsamkeit macht Angst.

Auch bei unseren Verwandten, den Affen, ist das so.

Wenn man nämlich einen Affen in einem Käfig von einem bösen Hund anbellen und anknurren lässt, so zeigt er große Angstaffekte, die man auch neurophysiologisch (Temperatur, Atmung etc.) messen kann. Setzt man ihm aber einen zweiten Affen dazu in den Käfig, es kommt wiederum der böse Hund und bedroht sie von außen, so kuscheln sich die zwei Affen zusammen und die Angstreaktionen sind wesentlich geringer.

Hier soll über die vielen Gesichter und Arten der menschlichen Beziehung gesprochen werden, wie sie geschehen, aufgebaut oder auch ruiniert werden, wie sie wirken und wie sie in der Psychotherapie gefördert werden können. Das soll vor allem folgende Beziehungen betreffen:
- die Alt-Jung-Beziehung
- die (psycho-)therapeutische Beziehung
- die Liebes- und Geschlechtsbeziehung mit ihrer Veränderlichkeit im Laufe des Lebens
- die Geschwisterbeziehung, die Freundschaftsbeziehung
- die Lehrer-Schüler-Beziehung und die Beziehung zum „Chef"
- das Beziehungsende

Ich habe den Ausdruck „**Integrierte Psychotherapie**" eingeführt und auch ein Buch darüber geschrieben.[2] Gemeint ist damit, dass der Psychotherapeut sich nicht streng auf seine psychotherapeutische Schule und Methodik zurückziehen soll, vielmehr sich auch auf alle Probleme des alltäglichen Lebens einlässt. Darin hat die Beschäftigung mit menschlichen Beziehungen, auf die ich hier besonders eingehe, großen Stellenwert.

---

2 *Barolin G. S.*: Integrierte Psychotherapie. Anwendung in der Gesamtmedizin und benachbarten Sozialberufen. Wien–New York: Springer Verlag 2006. 521 Seiten. Es kann dort einiges ausführlicher über das hier Gesagte hinaus gefunden werden. Einige Zitate, deren **Quellen** im Vorliegenden nicht näher angeführt werden, sind dort nachzulesen. Die im vorliegenden Buch hinten speziell angegebenen Zitate finden sich hingegen nicht in der „Integrierten Psychotherapie".

I. EINLEITUNG, ZUSAMMENFASSUNG UND ABSICHTSERKLÄRUNG

Die **weibliche Mitautorschaft** für die vorliegende Schrift habe ich ausdrücklich erbeten, da Männer ja vieles anders sehen als Frauen. Meine freundliche fachkompetente Mitautorin hat wichtige Ideen, Gesichtspunkte und Kritiken beigesteuert. Ich hoffe, damit meine große Hochachtung vor den Frauen hinlänglich bewiesen zu haben, mache aber trotzdem die heutige Mode nicht mit, überall ein „-Innen" dranzuhängen. Sprache und Biologie sind zweierlei Paar Schuhe. Die hier sprachlich als männlich figurierenden Berufsbezeichnungen sind biologisch jeweils zweigeschlechtlich gemeint.

Wozu schreibe ich das?

Es gibt keine Experten für die menschliche Beziehung, oder anders gesagt: Wir sind alle Experten dafür. So denke ich, dass dieses Büchlein **jeder mit Gewinn lesen** könnte. Wenn es ihm viel Bekanntes bringt, dann umso besser, denn dann ist er schon auf einem recht guten Weg. Es ist sehr wichtig und fruchtbar zu wissen, was der „Jedermann" in seinen Problemen vom Psychotherapeuten und von der Psychotherapie erwarten darf. Man kann dieses Buch also auch als **Beziehungshilfe zwischen Psychotherapie-Aufsuchenden und Psychotherapie-Durchführenden** sehen.

So möchte ich die Allgemeinheit und die Fachkollegenschaft gleichzeitig ansprechen.

- Dem allgemeinen Leser mag das Selbsterkennen seiner Beziehungen helfen, besser damit umzugehen; in Einzelfällen vielleicht, sich diesbezüglich einen Psychotherapeuten zu suchen.
- Die Fachkollegen aus der Psychotherapie können Manches finden, das ihnen in den Psychotherapie-Schulen und -Büchern bisher nicht untergekommen ist. Außerdem möchte ich gerne von meinen wissenschaftlichen Kollegen Kritik bekommen und daraus selber Neues lernen.

Trotz der wissenschaftlichen Ernsthaftigkeit habe ich das Buch nicht – wie manche Wissenschaftler – in einer Art amts- und fachchinesischen Sprache geschrieben. Ich glaube, dass man auch komplexe wissenschaftliche Ergebnisse klar und allgemein verständlich fassen kann, und so hoffe ich, dass diese kleine Schrift mit den vielen guten Vorsätzen möglichst viele erreicht.

2. Die Familienbeziehung

Ich beginne mit dieser, denn sie ist die Älteste aller unserer Beziehungen. Sie beginnt bereits im Bauch der Mutter, als **Mutter-Kind-Beziehung**. Diese bleibt dementsprechend die erste und stärkste Familienbeziehung. Dann kommt erst der **Vater** dazu. Ohne Familienbeziehung würde die **Arterhaltung**[3] nicht funktionieren und wir wären längst ausgestorben.

Bei uns Menschen wie auch im Tierreich muss es aber dabei keineswegs immer lieb und schön zugehen.

Wenn ein jüngerer, stärkerer Löwe den alten Familien- und Rudel-Chef in die Einsamkeit der Savanne verjagt hat und damit der neue Pascha für die Löwendamen wird, besteht eine seiner ersten Aktionen darin, die vorhandenen Löwenbabys umzubringen. Die Löwenmütter (welche sonst bei Bedrohung ihrer Jungen sprichwörtlich gefährlich aggressiv agieren) sehen dem untätig zu und werden erst danach wieder paarungsbereit.

Der Wiener Psychiatrie-Nobelpreisträger *Wagner-Jauregg* hat (Anfang der 20er Jahre des vorigen Jahrhunderts) zur Familienbeziehung sarkastisch gesagt: „Der Aszendent schädigt den Deszendenten (also die Eltern ihre Kinder) a) durch die Vererbung, b) durch die Erziehung". Auch die Psychoanalyse hat die negativen Auswirkungen der Familienbeziehung in den Vordergrund gestellt. Aber es kommt natürlich auch (und vor allem!) eine ganze Menge Positives aus der Familie zu uns: • Vorbildwirkung, • Geborgenheit, • Vertrauen, • Zuneigung und etliches andere.

Eine moderne Psychotherapie muss es sich angelegen sein lassen, auch

---

[3] Die Verhaltensforscher, allen voran *Konrad Lorenz*, nahmen an, dass die Tendenz zur „Arterhaltung" allen Lebewesen innewohnt und daraus bestimmte Verhaltensweisen gesetzmäßig immer wieder feststellbar sind. Die Evolutionsbiologie seit Ende des vorigen Jahrhunderts kennt aber eine Reihe von Argumenten dafür, dass es kein den Lebewesen innewohnendes Gesetz gibt, für ihre Arterhaltung zu arbeiten, und dass gewisse biologische Verhaltensweisen eher egoistisch oder „reziprok-altruistisch" entstehen. – Da die vorliegenden Zeilen ja keine biologische Abhandlung sind und ich als Autor auch keine biologischen Forschungen vorzuweisen habe, möchte ich mich in jene Wissenschaftsdiskussion nicht einmischen. Jedenfalls scheint doch sehr vieles in der Natur so eingerichtet zu sein, dass die Arten nicht aussterben, und ich bleibe daher bei der „Arterhaltung" als Modell für manches, was auch in der zwischenmenschlichen Beziehung geschieht.

darauf (und nicht nur auf das aufgedeckte Negative) zu fokussieren. Man hat diese psychotherapeutische Tendenz, den Menschen nicht nur beim Klagen über ihr Leid zur Seite zu stehen, sondern das Positive besser sichtbar und erkennbar zu machen, **Salutogenese** genannt. Denn durch das Bewusstmachen der inneren Stärken des Menschen (bei allen Schwierigkeiten und Frustrationen) kann man seine Reservekräfte und Ressourcen stärken und zum Tragen bringen.

Bestimmte Verhaltensweisen spielen im Rahmen der Beziehungen eine immer wiederkehrende Rolle. Sie werden hier zusammen mit ihrer psychotherapeutisch üblich gewordenen Bezeichnung bei der Alt-Jung-Beziehung genannt, kommen aber auch sonst zum Tragen. Einige wichtige davon mit ihrer psychotherapeutisch üblich gewordenen Bezeichnung werden hier genannt:

- **Übertragung und Gegenübertragung** – kann in die Allgemeinsprache am ehesten mit „Sympathie" übersetzt werden.
- **Identifikation** – man versucht, einem Vorbild gleich zu werden.
- **Kompensation** – man hat in irgendeinem Bereich ein Manko und versucht in einem anderen Bereich dafür besonders gut zu werden. Beispiel: Der berühmte antike Demosthenes, welcher einen Sprachfehler hatte und dann mit Kieselstein im Mund so viel übte, dass er ein besonders guter Redner wurde.
- **Projektion** – man sieht in einem Menschen unbewusst einen anderen und lässt dann die Aspekte, welche diesem anderen gelten, an der „Projektionspersönlichkeit" aus. Beispiel: Das sinnlose Streiten mit einem Polizisten, weil man durch jede Autoritätsperson an seine eigene schwierige Vaterbeziehung erinnert wird.
- **Aggression** – Angriffslust, die auch nicht nur aus einem realen Grund, sondern aus psychodynamischen (biographischen) Wurzeln kommen kann.
- **Regression** – man zieht sich auf sich zurück, „kapselt sich ein" und ist inaktiv.
- **Ambivalenz** – gleichzeitiges Bestehen von Abneigung und Zuneigung, was (natürlich), wenn wichtige Personen und/oder Ereignisse davon betroffen sind, zur psychischen Krise führen kann.
- **Verdrängung** – psychische Störfaktoren (etwa traumatisierende Er-

lebnisse) werden aus dem Bewusstsein gedrängt, scheinbar vergessen, können aber aus dem Unbewussten her Wirkungen erzielen.
- etc.

2.a. Die Kind-Mutter-Beziehung

Diese – wie zuvor gesagt – erste menschliche Beziehung begleitet uns vom Fruchtwasser her durch das ganze Leben prägend. Seit *Bowlby* (neuerlich näher ausgeführt und weiterentwickelt durch *Brisch*[4]) wird dafür auch der Ausdruck „**Bindung**" verwendet. Diese lässt uns zum ersten Mal Zuneigung, Sicherheit, Vertrauen erleben. Umso gravierender sind Störungen in diesem Bereich. Das kann bei innerer Ablehnung einer ungewollten Schwangerschaft beginnen und sich über Liebesentzug, Weglegung bis zu Misshandlungen erstrecken. Eine solche vor die Erinnerung zurückreichende „frühe" Beziehungsstörung (Bindungsstörung) kann sich im Unbewussten einprägen und von dort aus wesentliche Wirkung auf das spätere Leben ausüben. Auch im erinnerungsfähigen Alter können derartige schlechte Früherlebnisse „verdrängt" werden und aus dem Unbewussten weiterwirken.

Aber auch ein Zuviel an Mutterliebe kann ungesund sein (**Overprotektion = Überfürsorge**). Diese passiert besonders gern bei Einzelsöhnen allein erziehender Mütter, wo dann der Sohn auch als Partnerersatz fungieren muss, an den sich die Mutter „klammert", „weil keine andere so gut sein kann für ihn wie sie". *Wieck* hat das in einem Buch zusammengefasst, das den provokanten und vielsagenden Titel trägt: „Liebe Mutter, du tust mir nicht gut". Das „Hotel Mama", aus dem sich über 30-jährige Männer noch immer nicht lösen können, wo eine präsumptive Schwiegermutter im Hintergrund steht, alle Partnerinnen, die auftauchen, schlecht macht und verscheucht, ist ja schon in unsere allgemeine Sprache eingegangen. In negativen Extremfällen kann es bis zu inzestuösen Verbindungen führen (siehe Kapitel 2.d).

---

4 Brisch K. H.: Bindungsstörungen – Von der Bindungstheorie zur Therapie. Stuttgart: Klett-Cotta 2006. Es wird darin gezeigt, wie die starken Bindungen und deren eventuelle Störungen aus der Kindheit in unser späteres Leben weiterwirken.

Die Möglichkeit der schädlichen Überfürsorge für Kinder ist besonders eklatant bei der Mutter-Sohn-Beziehung, kann aber auch in anderen Eltern-Kind-Konstellationen zum Tragen kommen (so wie bei der später noch erwähnten Vater-Tochter-Überfürsorge und eventuell, wenn auch wesentlich seltener, bei einer Vater-Sohn-Überfürsorge).

Die Mutter-Sohn-Beziehung gestaltet sich anders als die Mutter-Tochter-Beziehung. Im Sohn wird auch der werdende Mann gesehen, in der Tochter kann auch die werdende Konkurrentin um die Zuneigung des Vaters gesehen werden. Das ist natürlich unterschwellig und kommt vielfach gar nicht zum Tragen. Die Konkurrenz der Tochter um die Liebe des Vaters kann Teil eines normalen Entwicklungsprozesses sein, in Extremfällen (wie etwa dem Inzest) sich aber auch schädlich auswirken.

Das „**Mutterbett**" kann ein wichtiger Zufluchts- und Tröstungsort für kleine Kinder beiderlei Geschlechts sein. Es ist wohl kein Überinterpretieren, wenn man darin eine Wiederholung der Geborgenheit als Ungeborenes im Mutterbauch sieht: Mutternähe + Wärme + Weichheit + Dunkelheit + Sicherheit.

Für den Sohn kann sich aber daraus auch eine infantile erotische Beziehung entwickeln. Schon im Kleinkind- und Vorschulalter können sich Gliedversteifungen mit Lustempfindung ergeben (natürlich kommt es zu keiner Ejakulation, denn die gibt es erst ab der Pubertät). Es ist dies keineswegs etwas Schädliches, es muss nur von Seiten der Mutter darauf geachtet werden, dass sich nicht daraus eine beidseitig übertriebene erotische Mutter-Sohn-Beziehung entwickelt.

2.b. Die Vater-Sohn-Beziehung

Im psychotherapeutischen Bewusstsein ist das schädigende Vater-Sohn-Verhältnis mit der *Freud*'schen Etikette „**Ödipus-Komplex**" verankert. In Anlehnung an eine griechische Sage meint es das Konkurrieren des Sohnes mit dem Vater um die Liebe der Mutter (in der Sage extrem mit Mord und Totschlag). In der Realität hat die Vater-Sohn-Beziehung (entsprechend Vorgesagtem) sowohl positive als auch negative Seiten.

Positive Wirkung wurde schon bei der Generationenbeziehung erwähnt. Speziell in der Vater-Sohn-Beziehung wären zu nennen: • Vorbildwirkung und vorbildhafte Identifikation, • geistige (sowie materielle) Förderung durch den Vater, • Vorbildwirkung in der elterlichen Zweierbeziehung, • Beratung etc.

Die Abhängigkeit vom Vater ist speziell in der Entwicklungszeit des jungen Mannes ein Problem. Es gilt für jeden jungen Menschen, „sich freizuschwimmen". Dabei kann es zu **verschiedenen negativen** Entwicklungen kommen.

Die Aggression gegen den Vater kann sich, wenn sie nicht aufgearbeitet ist, ins ganze Leben zu einer Aggressionshaltung allen • Autoritäten gegenüber transformieren. Der sinnlos, unmotiviert und selbstschädigend mit einem Polizisten wegen einer Bagatelle streitende Autofahrer wurde schon als Beispiel einer solchen von unaufgearbeiteten Vaterproblemen stammender Aggressionshaltung angeführt. • Bei der Weiterführung der väterlichen Firma durch den Sohn kann die Vaterproblematik sehr störend einstrahlen, und es bedarf an Kunst und Toleranz von beiden Seiten, damit es trotzdem funktioniert. Mediatoren und Arbeitspsychotherapeuten können dabei maßgeblich helfen. • Im Umgang mit dem Lehrer wird in diesen „neuen Ersatzvater" nicht selten der Vater hineinprojiziert, und es kann dadurch zu wesentlich mehr und schwierigeren Konflikten kommen, als sie zwischen Schüler und Lehrer an und für sich immanent sind.

Psychotherapie und Pädagogik sollen also, wie gesagt, sehr wohl die negativen Faktoren erkennen, aber keineswegs nur auf diese fokussieren. Erkennen sollte dazu nützen, die positiven Faktoren stärker in den Vordergrund und zur Wirkung zu bringen.

2.c. Kinder allgemein

Kinder lernen rasch, die **Eltern gegeneinander auszuspielen** und so Vorteile herauszuholen. Das muss erkannt und vorsichtig eingebremst werden, damit keine schiefe und ungesunde Konkurrenzierungssituation entsteht. Ein gewisses Konkurrieren der Kinder untereinander und Ausnützen ihrer Macht durch „Liebsein", „Bös-Sein" ist anderseits auch ein wichtiger Lernprozess, der keineswegs zu verachten und verurteilen ist.

Die anfängliche Bindung der Kinder beiderlei Geschlechts ist primär naturgemäß an die Mutter gegeben. Doch entwickelt sich dann eine **Zentrierung auf den andersgeschlechtlichen Elternteil**: Während (wie schon als Ödipus-Komplex plakativ dargestellt) der Sohn in Konkurrenz zum Vater um die Mutter tritt, rivalisiert die Tochter mit der Mutter um den Vater. Dieser sieht regelhaft in seiner Tochter auch die werdende Frau und verhält sich daher zu ihr anders als zum Buben. Dort, wo das zum liebevollen Fördern und Unterstützen beiträgt, ist es durchaus begrüßenswert. Aber in gewissen Übertreibungssituationen kann es schädlich bis sehr schädlich werden. Es kann zur Überkontrolle eines eifersüchtigen Vaters gegenüber seiner flügge werdenden Tochter führen, bis zum Inzest.

Die **Pubertät** bringt gleichzeitig mit den körperlichen und hormonellen Entwicklungen vom Kind zum Erwachsenen auch den beginnenden Ablösungsprozess des Kindes von den Eltern. Dieser reicht weit hinaus über die körperliche Pubertät. Die (wünschenswerte und notwendige) Ablösung schießt vielfach weitgehend übers Ziel hinaus und führt zu Aggressionen gegenüber der älteren Generation, die es oft sehr schwer machen, eine erwünschte Beziehung aufrecht zu erhalten. Es ist allen Betroffenen zu wünschen, dass diese über jene stürmische Zeit hinweg bestehen bleibt. Elterliches Verständnis in dieser Sturm-und-Drang-Zeit heißt nicht, dass man sich alles gefallen lassen muss. Jedoch sind Vorhaltungen wie „… ich habe x und y für dich getan, und jetzt …" sicherlich kontraproduktiv, denn das heranwachsende Kind kann sie gar nicht verstehen. Das, was es von den Eltern gehabt hat (wie sie das Kind und später den Jugendlichen gefördert haben), ist völlig im Identitätsschema eingebaut. Es wird daher als selbstverständliches Ereignis ohne besonderen Wert aufgefasst.

Das **Ende der Kind-Eltern-Beziehung** bahnt sich meist dann an, wenn die Kinder die gemeinsame Wohnung verlassen. Das kann mit großem Krach und Davonlaufen geschehen oder auch ganz natürlich im Rahmen des Älterwerdens, Studiums etc. Die Kinder suchen sich neue Wohnungen und auch neue Beziehungen, und es wird die Entwicklung einer weiteren Eltern-Kind-Beziehung sehr davon abhängen, wie sich das vorherige Verhältnis gestaltet hat. Es können also die Eltern in ihrem Verhalten zu den Kindern sehr wohl daran mitarbeiten, ob sie später von den Kindern gemieden werden und vereinsamen oder ob ein weiterer Zusammenhalt auf neuer Basis bestehen bleibt und dieser auch zu guter Enkelbeziehung führt.

Der Auszug der Kinder ist eine wesentliche Zäsur, auch in der elterlichen Zweierbeziehung. Entweder die Kinder fallen als Pufferzone in ehelichen Konflikten weg und die bisher hintergründigen Divergenzen eskalieren; oder dadurch, dass die Beschäftigung mit den Kindern wegfällt, wird die Leere in der Partnerbeziehung evident – man bemerkt plötzlich, dass man einander gar nichts zu sagen hat und sich eigentlich immer weiter auseinandergelebt hat. Es wird das als **„empty-nest-syndrome"** bezeichnet, also das Syndrom des leergewordenen Nests.

Wichtig ist es, sich schon vorher darüber klar zu sein, dass die Kinder nicht ewig in der Familie bleiben und dass man nicht zugunsten der Kinder die wichtige Partnerbeziehung hintanstellen darf. Auch soll man sich klarmachen, dass etwa das Gelingen der späteren Partnerbeziehungen der Kinder sehr davon abhängt, welches **Beispiel sie in der Art der Partnerbeziehung der Eltern** während ihrer Kindheit hatten.

2.d. Inzest

Mehrfach wurde im Vorigen schon der Inzest genannt. Gemeint ist damit eine sexuell gefärbte Beziehung zwischen Blutsverwandten. Man sieht darin einerseits Gefahren für die körperliche Gesundheit der Nachkommen (Eugenik). Blutsverwandte Kinder neigen vermehrt zu körperlichen Defekten (wie auch aus der Tierzucht bekannt). Anderseits, und vor allem, gibt es **psychodynamische** (sich aus der speziellen Situation ergebende) Gefahren.

Denn wenn sich die Eltern-Kind-Beziehung sexualisiert, ist das besonders schwerwiegend negativ, weil zwei wichtige Rollenfunktionen miteinander schädlich vermischt werden: einerseits Autorität und Abhängigkeit, anderseits Sexualität. Denn diese wird unfrei und – auch ohne eigentliche „Ver-Gewaltigung" – durch Autoritäts-Gewalt mitbestimmt. Besonders wenn sich beim Inzest-Opfer libidinöse Positiv-Strömungen ergeben (siehe noch später: „der liebesbedürftige Vater"), kommt es durch die Gefühlsambivalenz zu einer besonders belastenden „Double-bind-Situation" (einer Sackgasse, die den Ausweg nach allen Seiten hin verbaut). Deckt die Tochter die Beziehung des Vaters zu ihr auf, so schädigt sie ihn und enttäuscht seine „Liebe". Deckt sie sie nicht auf, bleibt sie weiter in der schädlichen Vater-Tochter-Liebe verhaftet.

Gleiches gilt hinsichtlich der Sexualisierung eines Schüler-Lehrer-Verhältnisses und auch des Psychotherapeuten-Patienten-Verhältnisses, worauf ich später noch eingehe (Kap. 5.a.).

Der **Mutter-Sohn-Inzest** wird kaum thematisiert. Das wohl aus zwei Gründen: Einerseits kommt er kaum vor den Kadi, anderseits erscheint er auch in Anbetracht des guten Mutter-Bildes so abwegig, dass ein großer Tabubruch damit verbunden ist. Verlässliche Inzidenzzahlen gibt es nicht.

Popper-Lynkeus hat es in einer bekannten Novelle dargestellt: Eine Mutter meinte, die Einweihung in die Liebe könnte keine andere Frau so gut machen für den Sohn wie sie, und es kam zum mütterlich initiierten und weitergeführten Inzest. Diese berühmte Geschichte wurde ins Mittelalter verlegt und endet mit Verbrennung auf dem Scheiterhaufen.

Ich selbst war Gutachter in einem Mordprozess, nachdem ein 17-jähriger seine Mutter nach dem Geschlechtsverkehr erwürgt hatte. Die genaueren Hintergründe waren nie ganz erhebbar, denn der Sohn blieb immer beim Leugnen, hatte daneben ein junges Mädchen als Freundin, war aber aufgrund der DNA-Analyse der Spermien eindeutig überführt und erhielt (da jugendlich „nur") 3 Jahre Kerker. Mit dieser (natürlich außergewöhnlichen und besonders extremen) Situation soll daran erinnert werden, dass im Hintergrund gewisse derartige Tendenzen immer irgendwie vorhanden sein können und dass der Psychotherapeut, aber auch der bewusst erziehende Elternteil, sehr darauf achten muss, dass hier nichts ins Negative ausschlägt.

Der **Vater-Tochter-Inzest** ist wesentlich präsenter als der Mutter-Sohn-Inzest, weil es daraus relativ häufig zu rechtlichen Konsequenzen gekommen ist und kommt.

Fischer und Riedesser geben eine Inzidenz von 4 % aller Frauen mit einer Missbrauchs-Vorgeschichte an, liegen damit unter anderen wesentlich höher lautenden Prozentzahlen. Doch muss klargestellt werden, dass Erinnerungsverfälschungen (mit oder ohne psychotherapeutische „Hilfe") bestehen. Leider führten speziell in den USA viele Psychotherapeuten ihre Patientinnen suggestiv zum missbrauchenden Vater, waren dann sogar als Zeugen vor Gericht zugelassen. Dieser schwere „Missbrauch des Missbrauchs" hörte erst dann auf, als bei einer betreffenden Klägerin eine virginitas intacta festgestellt wurde. Sie war also Jungfrau und hatte die Beschuldigung gegen den Vater phantasiert. Wie weit dabei ein übereifriger Psychotherapeut im Hintergrund stand, ist mir nicht bekannt. Seither sind diesbezügliche psychotherapeutische Aussagen nicht mehr bei Gericht zugelassen. In unserem Sprachbereich hat sich die Angelegenheit erfreulicherweise nie so weit ausgebreitet.

Anschuldigungen von erwachsenen Frauen gegenüber Vätern, die sie angeblich im Kindesalter missbraucht haben, müssen daher etwas vorsichtig betrachtet werden. Die lange Zeit, die Psychodynamik mit Elternaggression etc. mögen da bewusst und/oder unbewusst verfälschende Rollen spielen.

Hingegen muss man aktuelle **Anschuldigungen von Kindern immer sehr ernst nehmen.** Kinderpsychiater und -psychologen (wenn man das Kind dorthin bringt, was schon ein gutes Zeichen ist) wenden gezielte Untersuchungen an, die mit Zeichnungen oder Figurenstellen einhergehen, um dahinterzukommen, was wahr ist und was (vielleicht) Phantasie des Kindes ist. Es gibt – wenn sich einmal der Verdacht erhärtet hat – dann auch kinderpsychiatrisch und kinderpsychologisch ausgearbeitete schonende Befragungsmethoden vor Gericht (mit Videoaussagen, damit das Kind nicht durch den Gerichtssaal verschreckt wird, und ähnlichem). Es ist aus der langen Leidensgeschichte vieler Inzestkinder bekannt, dass sie vielfach nicht ernst genommen oder (auch bewusst) abgeschoben und mundtot gemacht wurden, besonders dort, wo eine diesbezüglich fördernde Mutterhaltung bestanden hat (siehe dazu noch folgend).

Entwicklungshelfer berichten, dass in den Elendsvierteln der südamerikanischen Monsterstädte („Favelas") der Vater-Tochter-Inzest durchaus gebräuchlich ist. Dort werden ja auch die Kinder systematisch zum Betteln und auf den Strich für die Touristen geschickt. Es ist also leider auf sozialem und humanitärem Gebiet die sogenannte „Globalisierung" nicht so weit fortgeschritten wie etwa im Kommerz und Profitstreben.

Es werden zwei Typen von missbrauchenden Vätern unterschieden: einerseits der brutale, gewalttätige Vater (oft plus Alkohol), anderseits der Liebe und Zärtlichkeit suchende. Dieser ist eigentlich der problematischere, denn es ergibt sich dabei ein weites Spektrum von traumatisierenden Beziehungs-Überlappungen bei der missbrauchten Tochter durch die bei ihr entstehende Ambivalenz. Die schon genannte Double-bind-Situation führt dazu, dass sowohl das Beenden einer solchen Beziehung wie auch deren Weiterführung Schuldgefühle bei der missbrauchten Tochter entstehen lässt. Auch ist das Beenden für die missbrauchte Tochter schwer möglich, da die Sache manchmal schon im frühen Kindesalter beginnt. Die rechtlichen Konsequenzen sind dem Kind nicht klar und es steht meist unter dem Druck des missbrauchenden Vaters, dass man nicht darüber reden darf, um „das Schöne" daran nicht kaputt zu machen. Oder es kommen Drohungen mit repressiven Erziehungsmaßnahmen.

Ein weiteres Problem bei solchen Missbrauchsfamilien ist die **Haltung der Mütter**, die sehr unterschiedlich sein kann und von • wirklich nichts wissen über • nichts wissen wollen bis zu • fördern reicht. Zu letzteren gehören vor allem Frauen, denen ihre eheliche Beziehung zum Gatten zuwider geworden ist, die aber anderseits soziale Konsequenzen (im Sinne von Scheidung etc.) scheuen. – Das ist natürlich nur eines der Beispiele, wie es sich mehrfach in der Psychotherapie herausgestellt hat. Verschiedene andere Konstellationen kommen auch in Frage.

Hier zeigt sich also ein Schädigungs- und Belastungspanorama, das keineswegs immer eindeutig klar zu beobachten und zu lösen ist. Umso wichtiger ist es, dass der Psychotherapeut sich der gesamten Problematik dieser Situationen bewusst ist und sehr feinfühlig bei der psychotherapeutischen Wegweisung auch **die rechtliche Seite** mitberücksichtigt, die natürlich vor allem zwischen Anzeige oder Nichtanzeige schwanken kann.

Wenn ein Leser hier empört sagt: „Wieso Nichtanzeige?!", so muss bedacht werden, dass selbst der verurteilte missbrauchende Vater ja nach einiger Zeit wieder in die Familie zurückkommt und man weiter miteinander leben muss, außerdem durch eine solche Verurteilung ein (fallweise nach außen hin durchaus intaktes und gutes) soziales Gefüge völlig kaputt geschlagen und die Zukunft der jungen Tochter maßgeblich negativ beeinflusst werden kann.

Es besteht **Anzeigerecht, aber keine Anzeigepflicht**. Das heißt natürlich keineswegs, dass der Psychotherapeut die Augen zumachen soll.

In einem eigenen Fall habe ich dem Vater vorsichtig ins Gewissen geredet, mit umschreibenden Andeutungen, unter deutlichem Hinweis auch auf die rechtliche Gefahr, aber ohne Konfrontation. Die Tochter kam in eine Internatsunterbringung, weg aus der Familie, und das Ganze löste sich nach etlichen Jahren mit Verehelichung und Kindesgeburt anscheinend ohne weitere Störungen auf.

Der **homosexuelle** Eltern-Kinder-Inzest sowie Missbrauch durch **ältere Verwandte** (Onkeln und Großeltern) seien hier erwähnt. Sie spielen anteilsmäßig eine geringere Rolle, kommen aber vor.

Der **Geschwister-Inzest** führt wie der Inzest durch andere Verwandte zu Double-bind-Situationen, die den Ausweg weithin versperren. Er kommt aber kaum vor den Kadi und wird (soweit man das aus den wenigen bekannt gewordenen Fällen weiß) häufig auch von den Eltern unter den

Teppich gekehrt. Es wird dem Inzestopfer gesagt, es gehöre sich nicht, darüber zu sprechen, und es sei ja nichts Böses etc. Es gibt darüber offensichtlich einen großen Dunkelbereich.

Wiederum scheint die körperliche (eugenische) Schädigungsgefahr weit übertroffen durch die schwere psychodynamische Belastung.

Am Rande bemerkt sei, dass unter den ägyptischen Pharaonen die Geschwisterehe ebenso Gebot und Gesetz war, wie sie bei der Allgemeinbevölkerung streng verboten war. Richard Wagner hat die sexuelle Geschwisterliebe in seinem berühmten Opernzyklus „Ring des Nibelungen" mit wunderschönen Melodien verziert. Das soll natürlich nicht dahingehend missverstanden werden, dass ich den Geschwisterinzest verharmlosen möchte. Es soll nur zeigen, dass er sich auch durch Geschichte und Mythos zieht und offensichtlich nicht so selten ist, wie es durch das „**Totschweigen**" scheint, wie auch Folgendes zeigt.

Anlässlich der spektakulären Inzestbeziehung eines Vaters in Amstetten, der seine Tochter in einem eigens dafür präparierten Kellerraum gefangen hielt und mit ihr über die Jahre hin mehrere Kinder zeugte, wird auch das Problem fokussiert: **Wie werden Inzest-Kinder versorgt?** *Ulrike M. Dierkes*[5] hat darüber ein bewegendes Buch geschrieben: „Meine Schwester ist meine Mutter".

Daraus ein paar Schlaglichter:

Manchmal wird sexueller Missbrauch mit Schwangerschaftsfolge und der Geburt eines Inzestkindes nie aufgedeckt. Diese Inzestkinder gibt es „offiziell" nicht. Es gibt Fälle, in denen Mütter vom eigenen Sohn schwanger wurden und ein Inzestkind austrugen. Dieses wächst als „Nachzügler" im Familienverband auf und erfährt entweder niemals oder Jahrzehnte später von seiner Entstehungsgeschichte.

Es gibt Fälle, in denen das sexuell missbrauchte Mädchen von den eigenen Eltern (bei einer den Missbrauch fördernden oder tolerierenden Mutter) als „Herumtreiberin" hingestellt wird, die mit einem nichtehelichen Kind ankommt.

In Dierkes' eigener Biographie wurde der Vater-Inzest aufgedeckt und der Vater mit zweieinhalb Jahren Zuchthaus bestraft. Sie selbst wurde von der Fürsorgebehörde in die Vormundschaft der Familienmutter gegeben – jener Mutter, die zum sexuellen Missbrauch ihrer eigenen Tochter geschwiegen und sie damit jahrelang „verraten" hatte. In jahrelanger

---

5 Dierkes U. M.: „Meine Schwester ist meine Mutter". Inzestkinder im Schatten der Gesellschaft. Düsseldorf: Patmos 1997.

Psychotherapie wurden diese schweren Psychotraumen bearbeitet, und sie ist damit an die Öffentlichkeit getreten.

Durch das erste Buch und ihre Vorträge tauchte eine Reihe von Inzestmüttern bei ihr auf. Sie gründete daraufhin eine **Inzest-Selbsthilfegruppe.**

Über den hochtabuisierten Komplex kann man sonst kaum mit jemandem reden, denn alle schauen lieber weg. Sichere Inzidenzzahlen gibt es nicht. Diesem „Nicht-sehen-Wollen" schließt sich bis zu einem gewissen Grad die Rechtspflege an. Man ist sehr vorsichtig bezüglich der Glaubwürdigkeit der Kinder etc. Auch die Religion lässt weitgehend aus. So riet ein Beichtvater einer Inzestmutter: „**Sprich nicht darüber und bete!**"

Hat man nun die negativen sexuellen Extreme in der Zärtlichkeit zwischen Eltern und Kindern gelesen und gehört, mag die Frage berechtigt sein: „Ja, darf man überhaupt seine Kinder zärtlich angreifen?"

> Ich sage dazu: **Schmusen Sie gut und ausgiebig mit Ihren Kindern.** Auch das Schmusen ist eine wichtige, schöne Erfahrung, die wir ihnen für das Leben mitgeben. Aber es gehört dazu bei jedem schmusenden Elternteil begleitende ständige Selbstreflexion: Ab hier geht es auch bei mir ins Erotische über und fördert die kindliche Erotik zu mir – ab hier führt es über eine kontraproduktive erotische Beziehung zu schädlicher Verwöhnung mit dauernder Fixierung – Achtung, Stopp!

2.e. *Großeltern*

Die Großeltern-Enkel-Beziehung hat eine eigene Charakteristik: Sie kann durch Toleranz, Freundlichkeit und Güte (ohne die Notwendigkeit der täglichen Ordnung-und-Disziplin-Haltung) ein wichtiger Ruhepol in den vielfach kritischen Situationen der Kindheit sein (denn dass die Kindheit keineswegs eine stets glückliche und sorgenfreie Zeit ist, wie sie retrospektiv fallweise dargestellt wird, ist den Therapeuten ja längst bekannt). Die Großeltern können damit eine bleibende **positive Prägung** bedingen.

Es kann sich daraus aber auch ein **Reibungspunkt** zwischen Eltern und Großeltern ergeben (im Extremfall bis zum Bruch). Die Großeltern wollen zuviel in die Erziehung hineinreden (oder die Eltern empfinden das zumindest so). Der „Enkelentzug" wird als eine Art Strafmaßnahme den Großeltern gegenüber benützt, wenn diese etwa auch anderweitig nicht

2. DIE FAMILIENBEZIEHUNG

den Erwartungen ihrer Kinder entsprechen oder diese unaufgearbeitete kindliche Aggressionen gegen diese haben.

Das **Besuchsrecht** zwischen Großeltern und Enkeln kann übrigens auch (in Österreich zumindest) rechtlich eingefordert werden. Ob dabei allerdings viel herausschaut, wenn man schon den Richter braucht, um mit seinen Enkeln Kontakt halten zu dürfen, bleibe dahingestellt. Denn die Kind-Großeltern-Beziehung hängt wesentlich davon ab, wie die Eltern sich zu den Großeltern verhalten. Man weiß, dass das Bild anderer älterer Familienmitglieder sich so ergibt, wie es von der **Darstellung durch die Mutter** (averbal und verbal) herrührt, die von der Säuglingszeit her wirksam ist. Das betrifft vor allem den Vater, aber auch die Großeltern.

3. Alt und Jung allgemein

Die Prägung durch eine Großelternbeziehung kann im Leben weiterwirken: nämlich darin, wie der Mensch mit alten Menschen allgemein umgeht. Das wird von Tag zu Tag wichtiger, denn in unserer jugend(über)orientierten Gesellschaft wird das Bild vom gütigen, weisen und zu respektierenden alten Menschen weitgehend von einem **Bild des Überflüssigen und Lästigen** verdrängt.

Das macht sich nicht nur im familiären Verband, sondern auch in Politik etc. bemerkbar. Bei einer Befragung von 1111 Schülern zum Begriff des alten Menschen gaben **83 % negativ abwertende Antworten**. Dabei spielen auch Kommerz und Politik eine Rolle, denn leider wird zum Beispiel in der Pensionsdiskussion immer wieder Alt gegen Jung ausgespielt, statt das Miteinander zu forcieren.

Einige praktische Ansätze zum **Brückenbau zwischen Alt und Jung** kann ich beispielhaft anführen.

• Ich konnte mehrfach bei den in der Altenbetreuung und im **Krankentransport** eingesetzten Zivildienern sehr positive Worte darüber hören.

• In einem einjährigen Versuch mit Integration von Hauptschuloberklasslern bei der **Mitbetreuung der Alterspatienten** in der von mir geleiteten Abteilung kamen durchaus positive Kommentare, und zwei der Schüler sagten sogar, sie würden gerne Altenpfleger werden (ob sie es dann geworden sind oder nicht, spielt keine Rolle, es zeigt nur die neue Einstellung).

• In der Oberstufe eines Bregenzer Gymnasiums wird zwei Wochenstunden **soziale Aktivität** verlangt (auf Wunsch der Eltern [!] sogar im Maturazeugnis vermerkt). Es haben sich daraus etliche freundschaftliche Beziehungen der jungen Betreuerschüler mit alten Menschen ergeben, die sich nach der offiziellen Betreuungszeit länger fortsetzten.

• Das systematische Zusammenführen von Alt und Jung wurde in manchen **Sozialprojekten** versucht. Man legte Residenzen für alleinstehende alte Menschen mit Studentenheimen zusammen. Systematische Auswertungen davon sind mir nicht bekannt geworden. Es ist aber anzunehmen, dass es dabei auch gezielter Mediatorentätigkeit bedarf, da die genannten beiden Menschengruppen in ihrer eigenen Welt leben und es

23

wahrscheinlich gezielter Verbindungsaktivität bedarf, damit die derart alters- und lebensverschiedenen Menschen motiviert werden, sich aufeinander einzulassen.

- Gleiches gilt für **Wohngemeinschaften** zwischen alten und jungen (nicht familiär zusammengehörigen) Menschen. Zusammen mit wechselseitiger Hilfestellung, Interesse am anderen und seinen Problemen, Kommunikation sowie gleichzeitig fallweise notwendiger Streitkultur (wofür ich ein plakatives Beispiel aus eigenem Erleben kenne).
- Leider fehlt für unsere **Medizinstudenten** obligate Sozialaktivität (speziell Umgang mit alten Leuten) in Unterricht und Erfahrung.

Als ich seinerzeit in der Studienreformkommission mitwirkte, versuchte ich ein Sozialsemester durchzubringen. Es scheiterte aber nicht etwa (wie man glauben könnte) an den Medizinverantwortlichen, sondern an den Pflegeverantwortlichen, die gerne die Sozialkompetenz standespolitisch für sich allein behalten wollten. So scheitern einst wie jetzt sinnvolle Vorschläge an kleinlichen Macht- und Eigeninteressen. Letztes Beispiel: Während in der allgemeinen Weltwirtschaftskrise von 2008/09 die Opel-Arbeiter bereits darüber abgestimmt haben, 20 % Gehaltseinschränkung anstelle einer Entlassung hinzunehmen, hat die Lehrergewerkschaft in einer sturen und egoistischen Weise dagegen gestreikt, zwei Stunden pro Woche länger zu unterrichten. – Trotzdem meine ich, dass man nicht resignieren und müde werden darf, es immer wieder zu versuchen. Dementsprechend sehe ich also …

> … ein weites Zukunftsfeld für die von mir propagierte „**Integrierte Psychotherapie**"; eine Psychotherapie, die es als ihre Aufgabe sieht, von der individuellen Betreuung ausgehend auch gesellschaftlich positiv zu wirken. *Alfred Adler*[6] hat mit seinem „Gemeinschaftsgefühl" diesen Gedanken in die Psychotherapie eingebracht. Die „Systemische Familientherapie"[7] ist dem Weg weiter gefolgt. Wir Psychotherapeuten

---

6 Alfred Adler, einer der Schüler und später Mitarbeiter *Sigmund Freuds*, war diesem aber offensichtlich zu kreativ und wurde deshalb von *Freud* aus dem Mitarbeiterkreis ausgeschlossen. – Leider sieht man das Negativbeispiel der Intoleranz von den Alt- und Großmeistern der Psychotherapie bis zur heutigen Psychotherapie weiterwirken, denn es bekriegen sich auch jetzt noch die verschiedenen Schulen (weniger aus wissenschaftstheoretischen als aus materiellen Neidgründen).

7 Diese wichtige neuere „Psychotherapie-Schule" betrachtet nicht nur den einzelnen Menschen mit seinen biographisch mitbedingten Störungen, sondern versucht die gestörte Familienbeziehung an sich gesamthaft zu erfassen und zu behandeln. Es

> sollen diesbezüglich nicht „fundamentalistisch" einer Schule folgen, sondern das Gesamte im Auge behalten, uns zwar nicht als Weltverbesserer ver-kennen, aber unsere **Möglichkeiten zur „allgemeinen Nützlichkeit"** er-kennen und benutzen.

---

werden typischerweise auch mehrere Familienmitglieder behandelt, einzeln mit Bezug auf den anderen und/oder gemeinsam. Es werden „Hausaufgaben" gegeben, die das bessere Zusammenleben kanalisieren sollen.

4. Beziehungen in der Schulzeit

Seitdem Kaiserin Maria Theresia bei uns die Schulpflicht (gesetzlich: „Unterrichtspflicht") eingeführt hat, werden zumindest neun Jahre unseres Lebens zur Schulzeit, die sich meist noch entweder fortsetzt in die verlängerte „höhere" Schulzeit und Studentenzeit oder Lehrzeit. Diese „Schulzeit" ist in unserem Kulturkreis eine wichtige Periode unseres Lebens geworden, einerseits dominiert durch die Schule, anderseits sehr empfänglich und formbar durch unsere Hirnentwicklung. Es werden in dieser Zeit viele Grundsteine für unser späteres Leben gelegt. Hauptsächlich sind es vier wesentliche Menschenbeziehungen, die während dieser Lebensperiode auf uns wirken:
- die Lehrerbeziehung
- die Beziehung zu Freunden (Peergroup)
- die Elternbeziehung
- die Geschwisterbeziehung

Natürlich spielt die Freundes- und Geschwisterbeziehung nicht nur in der Schulzeit eine Rolle, aber es ist immerhin generationenmäßig darin ein Schwerpunkt gegeben.

4.a. Beziehung zum Lehrer / Pädagogik

Die Beziehung zu Lehrern und Eltern in dieser Zeit ist **auch als Pädagogik** zusammenzufassen. Dies ist eine menschliche Beziehung, in welcher der ältere Teil im Sinne der Ausbildung die Funktion des Lehrenden übernimmt. Ein Großteil davon wird in unserem heutigen Kulturkreis von den Eltern an den „beruflichen" Lehrer in der Institution Schule delegiert.

Ein guter Lehrer kann sehr viel Gutes und Bleibendes für die Lebensgestaltung eines jungen Menschen leisten und ein schlechter Lehrer vieles verpatzen. Überall sind die Lehrer nicht nur Idealmenschen und es gibt die verschiedensten Abstufungen zwischen gut und schlecht (gleiches gilt übrigens auch für uns Ärzte und Psychotherapeuten). Als Eltern der Kinder haben wir die Aufgabe, möglichst den Lehrer zu fördern und

4.A. BEZIEHUNG ZUM LEHRER / PÄDAGOGIK

auftretende Schwierigkeiten zwischen ihm und den Kindern zu überwinden. Ideal ist es, wenn zwischen **Lehrern und Eltern eine Allianz** zum Wohle der Kinder entsteht. Können wir mit dem Lehrer nicht einverstanden sein, so ist es sinnvoll, das mit ihm abzuklären, nicht aber die Kinder dahingehend zu beeinflussen, dass der Lehrer „ein Trottel" ist. Verbindlichkeit und Schlichtung ist dabei wichtiger als eventuelles starres Festhalten an einem Standpunkt.

Der „späte" *Freud* (zit. nach *Brigitte Sindelar*[8]) sagt 1933 dazu sinngemäß: „... Ich habe mich kaum je damit beschäftigt ... aber die Anwendung der Psychoanalyse auf die Pädagogik, **die Erziehung der nächsten Generation, ist vielleicht das Wichtigste von allem**, was die Analyse betreibt." Dem ist voll zuzustimmen (das Wort Psychoanalyse zeitgemäß durch Psychotherapie ersetzt). Diese Wichtigkeit ist in der Realität leider auch heute nur in Ansätzen berücksichtigt. *Alfred Adler* hat viel Psychotherapeutisches ins Schulsystem einstrahlen lassen. Seine **„Individualpsychologie"** hat mit der Betonung der Faktoren • Machtstreben, • Gemeinschaftsgefühl, • Minderwertigkeitskomplex etc. wesentliche Brücken zur Pädagogik hergestellt.

Der Erziehungsberater *Liebenow* (aus dessen lesenswertem Buch einiges im Folgenden mitverwertet wurde) schreibt: Da wir die Kinder für eine ungewisse Zukunft erziehen, geht es nicht darum, ihnen Faktenwissen zu vermitteln, sondern die **Befähigung zur vernünftigen Willensentscheidung**.

Leider bleibt das auch in der **Medizin-Didaktik** weitgehend unberücksichtigt. Trotz „neuem" österreichischem Curriculum versuchen noch zahlreiche akademische Lehrer ihren Studenten möglichst viel lexikalisches Wissen hineinzustopfen, statt die Grundlagen für zukünftige Auswahl, Entscheidungen, Weiterentwicklungen zu vermitteln (das verständlich, plakativ und in mehrfachen Wiederholungen).

Der Wiener Ordinarius für Kinder- und Jugendpsychiatrie *Friedrich* schreibt über Erziehung wörtlich (Hervorhebungen durch mich):

---

8   Persönliche Mitteilung, Sigmund-Freud-Privatuniversität Wien, 2007.

> Optimale Erziehung gibt es nicht, auch kein Rezeptbuch der perfekten Pädagogik. Erziehung ist ein Prozess, der sich den **idealen Zielen nur annähern** kann.
> Die moralische Urteilsfähigkeit gewinnt das Kind in einem durchgängigen Erziehungsprozess, der **Imitationslernen, Versuch-Irrtums-Lernen** und Aussetzen in **kalkulierbare Gefahren** umfasst.
> Dadurch soll das Kind lernen, die **Grenzen auszuloten**, soziale Risken abzuwägen und zu erfahren, dass die Grenzüberschreitung geahndet wird, daher Fehlverhalten nicht lohnt.
> Die **soziale Antizipationsleistung** (sinn- und planvoll vorausdenken zu können) soll so im Elternhaus geschult und erlernt werden. Daraus soll sich das nötige Maß an **Verantwortungs- und Toleranzfähigkeit als wichtiges Kriterium der Reifebildung** entwickeln.
> Es ist notwendig, die **Peergroup**, also den gleichaltrigen Umgang, kennenzulernen, um Gefahren für das soziale Kindeswohl frühzeitig auszumachen.

Einiges aus diesem Anfangsstatement zum Pädagogik-Abschnitt wird im Folgenden noch näher besprochen.

In der Schulzeit geben Eltern einen Teil ihrer Erziehungsaufgaben an die Schule ab. Eine Reihe neuer Aufgaben kommt auf sie zu. Eine gute Koordinationsachse zwischen Eltern und Lehrern ist das Wünschenswerte. Wenn das keineswegs immer funktioniert, ist es umso mehr anzustreben. Schlecht ist es, wenn sich die Eltern und die Lehrer zu unterschiedlichen Polen entwickeln, die nicht miteinander kommunizieren oder sich wechselseitig schlechtmachen („Der Lehrer ist ja ein Trottel!").

Man hört oftmals von Eltern, die unter schwierigen Beziehungen zu ihren Kindern leiden (beide Teile leiden darunter): „**Was habe ich falsch gemacht?**" Ein sicheres Vermeiden der aufgezeigten Schwierigkeiten zwischen den Generationen gibt es ebenso wenig, wie es die „optimale Erziehung" gibt. **Es spielen dabei vielerlei Komponenten mit,** die durch die Eltern nur zum Teil beeinflussbar sind:

- In der **Schule** verbringen Kinder heute wesentlich längere Zeiten als mit der Familie. Hier ist die Wichtigkeit der **Lehrer** zu betonen. Ich erfahre aus Lehrerkreisen, dass heute ein großer Unterschied zwischen den städtischen und ländlichen Schulen besteht: In den städtischen Schulen wird den Kindern viel mehr über ihre Rechte erzählt als über ihre Pflichten und die Eltern stehen vermehrt in einer ständigen Kritik- und Aggressionssituation. In den ländlichen Schulen hingegen gilt noch etwas von der alten Tradition und es ist auch eine viel **konstruktivere Zusammenarbeit zwischen Eltern und Lehrern** zu orten. Allerdings ist anzunehmen, dass sich diese Unterschiede bald ausgleichen werden. Nebenbei: Es können ruhig auch Väter und nicht nur Mütter fallweise in die Sprechstunden gehen!

- Im neuen sozialen Umfeld gewinnt der neue Freundeskreis, die „**Peergroup**", zunehmend an Bedeutung. Es wurde schon in vorstehendem Kasten gesagt, dass es für die Eltern wichtig ist, diese „neuen Freunde" kennenzulernen, um Positives zu fördern und Negatives möglichst hintanzuhalten. Zu Letzterem gehört vor allem:
- Verführung zu **Drogen, Vandalismus** und sonstigen Jugendauswüchsen bis zur Bandenbildung mit Kriminalität.
- Sozial unvermeidliche, aber unter Umständen **belastende Faktoren** wie Übersiedlung, Migration, Tod von Angehörigen, Scheidungssituation der Eltern, Unfälle mit Körperbehinderung etc.
- **Jugendorganisationen** können eine höhere Qualität und damit verbunden positive pädagogische Entwicklung kanalisieren (gelenkte Peergroups). Ich sehe diesbezüglich besonderen Wert in der Pfadfinderei:[9]
  - ein gewisses Ordnungsprinzip (ohne hirnlosen Drill)
  - gruppenmäßige Einordnung bei gleichzeitiger Förderung der Kreativität für sich selbst und für die Gruppe

---

9 Seit ihrer Gründung vor etwa 100 Jahren durch den englischen Kolonialoffizier Baden-Powell hat sich die Pfadfinderei zu einer internationalen Jugendbewegung entwickelt, die heute wohl die bedeutsamste solche ist. In späteren kirchlichen und/oder politischen Jugendbewegungen wurden weitgehend wichtige Teile der Pfadfinderei aufgenommen und den jeweiligen Ideologien untergeordnet. Kommerziell gestützte Sport- und Freizeitorganisationen stehen heute zu der aus Eigenmitteln finanzierten Pfadfinder-Organisation in einem ungleichen Verdrängungs-Wettbewerb. Umso mehr schien es mir wichtig, doch auf das gute alte Bestehende hinzuweisen.

- Sportlichkeit und Naturverbundenheit ohne Höchstleistungsstreben, verbunden mit Achtung und Pflege der Natur und Tierwelt
- Achtung und Respekt gegenüber allen Menschen unabhängig von Stand, Nation oder Rasse
- Die Hilfsbereitschaft wird ständig trainiert durch die einfache Pfadfinderregel „Do at least one good turn to somebody every day" (in der deutschen Kurzform: „Täglich eine gute Tat"). Man soll sich jeden Morgen einen Knopf ins Halstuch machen und diesen erst aufknoten, wenn die gute Tat getan ist.
- So werden in der ganzen Pfadfindererziehung gute Prinzipien in einfache Durchführungs- und Erinnerungshilfen eingepackt.

Bei allen Jugendorganisationen kann leider auch manches schiefgehen, je nach Qualität der Gruppenführer: von übermäßiger Beanspruchung, deutlicher Bevorzugung und Benachteiligung, Anleitung zu gruppenmäßigem Fehlverhalten („alle hauen jetzt einen") bis zu den immer wieder vorkommenden homosexuellen Episoden. Erfreulicherweise gehört das aber bei ordentlich geführten Jugendorganisationen keineswegs zur Regel und die Vorteile sind deutlich größer als (eventuelle) Nachteile. Wie bei der Schule gilt es auch für die Jugendorganisationen, über guten Kontakt eine gewisse Kontrollfunktion zu behalten.

- Dazu kommen auch einfach Zufälle.

Innerhalb dieser Plurikausalität gibt es aber doch einige **Grundregeln über den Umgang mit Kindern.**[10]

- Alle Kinder im Familienverband sind immer prinzipiell gleich zu behandeln. Für alle Kinder soll ständig ein gesunder Mittelweg gegangen werden zwischen einerseits unkritischem Hochloben und anderseits demotivierendem Abwerten. Beides kann auf Dauer den Kindern ein falsches **Selbstbild vermitteln** und damit eine kontraproduktive Lebenseinstellung.

---

10 Ich habe dabei drei qualifizierten Pädagogen für kritische Durchsicht und Beratung herzlich zu danken: MR DDr. *F. Sedlak* (Leiter der Abteilung Schulpsychologie im österreichischen Unterrichtsministerium) und zwei engagierten Lehrerinnen: *Sabine Schnürer* und *Evelyn Kellner-Fuchs*.

4.A. BEZIEHUNG ZUM LEHRER / PÄDAGOGIK

- Verhaltensschwierigkeiten und Erziehungsprobleme sind vielfach auf **vernachlässigende oder verwöhnende elterliche Haltung** zurückzuführen. Das betrifft Eltern, die sich für ihre Kinder zu wenig Zeit und Mühe nehmen (ich sage ausdrücklich „nehmen", denn es ist keineswegs immer in Übereinstimmung mit dem Zeit-„Haben").

In **weniger begüterten Kreisen** betrifft das die gleichzeitige Berufstätigkeit beider Eltern plus Freizeitinteresse ohne Einschluss der Kinder. *Spiel*[11] hat aber darauf hingewiesen, dass das durchaus auch bei wohlhabenden Eltern vorkommt, die alle Sorgen und Mühen an andere (bezahltermaßen) delegieren und sich selbst („wegen anderer Obligationen") weitgehend aus der Beziehung zu ihren Kindern heraushalten. Er hat dafür den plakativen Ausdruck „**Nobelverwahrlosung**" geprägt. Diese ist nicht selten gepaart mit der oben erwähnten Verwöhnung. Die Eltern solcher nobelverwahrloster Kinder nehmen sich nicht die Mühe einer Erziehung und lassen lieber alles laufen (womit keineswegs einer drakonischen Strenge das Wort geredet werden soll [siehe später]). Das Kind lernt keine Grenzen kennen und das kann eine dauernde falsche Lebenseinstellung bewirken.

Bei der **Zeit, die man für Kinder aufwendet**, zählt Qualität vor Quantität. **Gemeinsames Tun** (speziell bei kleineren Kindern) und das **Gespräch** sind die Hauptsachen in der Beziehung zu Kindern und Jugendlichen.

- **Das Gespräch** muss unter allen Umständen **respektvoll** und **absolut ehrlich** sein, **eindeutig** und „**gerade**". Zynismus und Ironie sind verboten! Witze nur mit äußerster Vorsicht zu verwenden.
- Es soll versucht werden, **über alles** ins Gespräch zu kommen, was das Kind bewegt, sei es positiv oder negativ.
- Das Kind soll **ernst genommen** werden mit seinen Problemen, ohne dass man es vorzeitig „zum Erwachsenen macht", also es mit den Problemen überfordert. Aber das Kind soll wissen, dass man es weder im Guten noch im Schlechten mit seinen Problemen allein lässt, sich im Gegenteil freut, diese mit ihm zu teilen und gemeinsam zu erledigen.
- Ganz wichtig ist das intensive Sprechen über **Drogenprobleme**. Leider gibt es dazu heute auch schon förderndes Verhalten durch die Eltern, nämlich die „**Pille zur Schularbeit**". Abgesehen von möglicher Kanalisierung eines Beruhigungsmittelmissbrauchs wird auch das Kind daran gehindert, seine gesunden Ressourcen für ein norma-

---

[11] Ehemals Ordinarius für Psychiatrie des Kindes- und Jugendalters an der Universität Wien.

les Leben kennenzulernen und zu aktivieren. Hier besteht eine Parallele zum gesundheitsschädigenden Doping. Ebenso in Analogie dazu sei erwähnt, dass man stattdessen das gesundheitsfördernde und leistungsverbessernde **Autogene Training** (siehe bei *Barolin* 2006) **vorteilhaft** anwenden kann.

- **Das Sprechen über Sexualität** kann nicht früh genug erfolgen, natürlich jeweils auf der Ebene der kindlichen Verständnisbereitschaft (die aber erfahrungsgemäß von den Eltern häufig weit unterschätzt wird). Das Verweisen auf die Schule, den Biologieunterricht, den Katecheten oder den anderen Elternteil (um solchen Gesprächen auszukommen) ist falsch. Es soll lieber mehrfach darüber gesprochen werden, als dass sich einer auf den anderen ausredet.

Dass natürlich selbst eine klare Einstellung dazu und auch passende Sprachfindung (das ist in unserer Sprache gar nicht leicht) bestehen muss, sei am Rande erwähnt. Unsere Alltagssprache hat leider keine schönen Ausdrücke für das geschlechtliche Zusammenkommen zweier Menschen: der „Geschlechtsverkehr" ist mechanistisch und pseudowissenschaftlich, „miteinander schlafen" ist eine Umschreibung, die außerdem falsch ist, weil man schläft nicht dabei, sondern meistens nachher. Die Franzosen haben es da schon besser, sie sagen „faire l'amour" (Liebe machen). Schön ist es in der Eskimosprache, denn da heißt es „zusammen lachen". Das zeigt auch eine wesentlich positivere Einstellung zur geschlechtlichen Liebe als bei uns. Es muss sich also jeder die entsprechende Sprachregelung selbst auswählen.

Ein hartnäckiger Feind von gemeinsamem Tun und Gesprächen in der Familie ist der **Fernsehkonsum**. Kinder verbringen **bis zu 1000 Stunden jährlich** damit, die nicht nur von der Zeit für Kreativität, allgemeiner Lebenserfahrung und Kommunikation abgehen, sondern darüber hinaus die bekannten aggressiven Vorbilder liefern.

Insbesondere die moderne Neurobiologie hat auch naturwissenschaftlich gezeigt, dass diesbezüglich die Möglichkeit für bleibende Schädigungen besteht. Die „**Spiegelneuronen**" sind Gehirnzellen, die quasi automatisch Verhaltensweisen vom Gegenüber annehmen, und die „neuronale Plastizität" zeigt, dass das Hirn sehr stark durch äußere Einflüsse dauernd programmiert werden kann.

4.A. BEZIEHUNG ZUM LEHRER / PÄDAGOGIK

- Kinder kooperieren weniger,
- werden aggressiver,
- haben Konzentrations- und Lernschwächen,
- Haltungsschäden,
- halb soviel soziale und freundschaftliche Kontakte wie nur gelegentliche Fernseher (*Liebenow* sowie *Myers*).

Was das **gemeinsame** Tun betrifft, geht es um
- die Möglichkeit kreativer Gemeinsamkeiten,
- die Möglichkeit gemeinsamer geistiger Aktivität: Vorlesen bei kleineren Kindern, Gelesenes besprechen bei größeren Kindern. Auch das gemeinsame Lernen gehört dazu,
- gemeinsame Freizeitaktivitäten: Spielen bei den Kleineren, Sport und Kultur bei den Größeren.

Es soll versucht werden, durch Kennenlernen (eventuell auch Mitnehmen) die Kinder über den **Beruf der Eltern** zu informieren und sie daran teilhaben zu lassen. Leider ist das jetzt nicht einmal mehr beim Haushalt selbstverständlich, sollte aber auch die Berufe der auswärts arbeitenden Eltern betreffen.

In unserem Kulturkreis gibt es ja häufig einen Vater, der morgens entschwindet und erst abends wieder auftaucht. Die Kinder sollen eine Vorstellung davon entwickeln können, was der abwesende Elternteil macht, was ihn oder sie beschäftigt, und sollen dabei auch (vielleicht) eine gewisse Hochachtung vor dem bekommen, was die Eltern leisten.

Es gilt die richtige **Balance zu finden zwischen Toleranz und Festigkeit.**

Der schöne Traum von einer „antiautoritären Erziehung" ist längst ausgeträumt. Man weiß, dass Kinder gewisse **Grenzen brauchen** und immer versuchen an diese heranzugehen. *Anna Freud* drückt es analytisch aus: Wo die Angst vor der elterlichen Strenge verschwindet, steigt die Gewissensangst. Wo die Strenge des Über-Ichs sich mildert, finden die Kinder sich überwältigt von der Angst vor der eigenen Triebstärke, der sie ohne den Einspruch von äußeren oder inneren Instanzen hilflos ausgesetzt bleiben.

Die Grenzen gilt es vernünftig, ohne unnötige Härte, aber konsequent zu setzen und ihre Notwendigkeit auch jeweils zu besprechen. Hier kommt die Frage nach **Strafen** auf. Nach *Liebenow* bleibt deren richtige Anwendung eine Kunst.

- Sie sollen nicht grausam und existenzbedrohend wirken.
- Vor allem sollen sie kurz limitiert sein, und es soll kein „Bösesein" über Stunden oder Tage fortgezogen werden.

- Sie sollen auch nicht von den Eltern in zornigem Überschwang erfolgen, sondern mit einer gewissen Bedachtsamkeit, wobei aber das Kind die emotionale Beteiligung der Eltern merken soll.
- Die Strafe soll als natürliche Folge der negativen Handlung erlebt werden können und daher im Zusammenhang mit dieser stehen. Z. B. wenn Taschengeld verjuxt wurde, dann muss das Kind eben bis zur nächsten Geldausgabe warten. Unnatürlich wäre, das Geld sofort zu ersetzen, aber dafür ein Fernsehverbot zu erlassen. Eventuell soll eine 2. Chance gegeben werden, indem man negative Konsequenzen ankündigt.
- **Ganz abzulehnen ist das Aufschieben von Strafen** (etwa: „Wenn der Vater nach Hause kommt, werde ich es ihm sagen; dann wirst du schon sehen" oder ähnliches. – Wir haben das in unserer Gruppentherapie mehrfach als bleibende kindliche Traumen erfahren.) Wohl aber ist es manchmal sinnvoll, im (auf beiden Seiten) hochgehenden Affekt die Entscheidung aufzuschieben, sogar falschen Forderungen des Kindes nachzugeben, aber die Angelegenheit nach einigen Stunden (etwa am Abend) in aller Ruhe wieder aufzugreifen und deutlich klarzustellen (*Liebenow*).
- Belohnungen, Lob und ähnliches („**Meritierungen**") sind allemal in der Pädagogik wirksamer als Strafen.

Wenn der junge Mensch (denn es kommt vor allem im Pubertätsalter und nicht im Kindesalter vor) in überschießender Reaktion von sich aus die Beziehungen gefährdet oder abbricht, so ist es an den Eltern, zu versuchen einen **Brückenschlag** herzustellen. Es geht nicht an (wie etwa gegenüber einem Erwachsenen), das Von-selbst-einsichtig-Sein und Zurückkommen zu erwarten und bis zum ersten Schritt des Kindes (mit einer Bitte um Entschuldigung etwa) beleidigt zu sein.

Natürlich soll die Beziehung der **Eltern untereinander** eine positive Vorbildwirkung haben. Scheidungsauseinandersetzungen sollten (wo unvermeidbar) in zivilisierter Atmosphäre, möglichst außer Reichweite der Kinder und ohne sie in den „Rosenkrieg" mit einzubeziehen, stattfinden. Wenn es aber dann soweit ist, sollten die Kinder sinnvoll über das Wesen der **Scheidung aufgeklärt** werden, auch mit ihnen besprochen werden, wie es weitergeht. Ganz schlecht ist es natürlich, wenn die Kinder als „Waffen im Rosenkrieg" verwendet werden, à la „Wen hast du lieber ...?", oder durch diverse Versprechungen für später auf die eine oder andere Seite gelockt werden. Dadurch werden die – durch ein Scheidungsverfahren an und für sich aufkommenden – Identitäts- und Loyalitätskonflikte der Kinder noch wesentlich vergrößert. Die Eltern müssen aber auch wissen, dass ein Kind von Natur aus versucht einen Elternteil gegen den anderen **auszuspielen**, wenn es etwas will.

Das sollte möglichst auf eine gemeinsame Linie zurückgebracht werden. Eltern sollen sachlich prinzipiell immer mit einer Sprache sprechen. Das kennt aber auch gewisse Ausnahmen, so dass nach eventuellen Strafen eines Elternteils der andere etwas verstärkt tröstend auftreten kann, denn gerade diese **Zweiteilung der elterlichen Autorität** kann manchmal viel helfen. Nur sollte dabei der andere Elternpartner nicht desavouiert, sondern sein Tun erklärt und beim Kind Verständnis geweckt werden.

Persönliche Zuwendung ist für jedes Kind wichtig. Das gilt für beide Elternteile. Auf den Wert des „Schmusens mit Kindern" habe ich schon hingewiesen, zugleich mit der Mahnung auf entsprechende Vorsicht, dabei nicht ins Erotische abzugleiten.

4.b. Geschwister-Beziehung

Sie ist nicht nur für die momentane Erziehungspädagogik, sondern für die spätere Persönlichkeitsausprägung relevant. Eine Geschwisterbeziehung kann zwar ab der Kleinkindzeit ihre Wirkung haben, aber die meiste gemeinsame Zeit besteht im Schulalter (daher auch Behandlung in diesem Abschnitt).

In der psychotherapeutischen und psychologischen Literatur ist das Aufeinanderwirken von Geschwistern stark unterbelichtet. Es scheint mir umso wichtiger, im Rahmen unserer Beziehungsüberlegungen etwas näher darauf einzugehen. Ein rezentes Buch darüber ist von *Frick*,[12] ein weiteres von *Sohni*. Der Wiener Psychologe *Thomann* hat sich schon vor etwa 50 Jahren erstmals mit den Fragen der Geschwisterbeziehung befasst. Das Folgende entnehme ich neben eigener Erfahrung auch aus den genannten Schriften.

Geschwisterbeziehungen haben mit den anderen Beziehungen in der Ursprungsfamilie (Elternbeziehungen, Kinderbeziehungen) gemeinsam, dass man sie sich nicht aussuchen kann und sie einem ein Leben lang erhalten bleiben (gegensätzlich zu Freundesbeziehungen, Partnerbezie-

---

[12] Frick J.: Ich mag dich – du nervst mich! Geschwister und ihre Bedeutung für das Leben. Bern: Hans Huber 2009 (3. Auflage). Der Autor ist Dozent an der Pädagogischen Hochschule Zürich. Er bringt auf 350 Seiten viele Eigenaussagen von Geschwistern übereinander, Beispiele aus der Literatur, und auch – was mir für den Leser wichtig erscheint – eine Liste von geeigneten Büchern zur Geschwistersituation für Kinder, gegliedert nach Altersgruppen.

hungen etc.). Sie spielen, wo vorhanden, häufig eine wesentliche Rolle in unserem Leben.

Von Anbeginn an ist die Geschwistersituation eine ambivalente. Ein 10-jähriger sagt: „Also eines muss gleich am Anfang gesagt werden: Nämlich, dass Geschwister unheimlich gemein und unheimlich nett sein können." Es besteht eine ständige Mischung aus **Solidarität und Rivalität**. Typisch: Geschwister streiten. Wenn aber ein Dritter etwas gegen sie unternimmt, so gehen sie gemeinsam gegen diesen vor.

Eines der *Frick*'schen Beispiele: Das Literaten-Brüderpaar Thomas und Heinrich Mann schrieb einander jahrelang beschimpfende Briefe. Es ließ sich aber der Jüngere, Thomas, nur unter der Bedingung in die Berliner Akademie der Künste wählen, dass auch der Ältere, Heinrich, aufgenommen wurde. Ein anderes Prominenten-Beispiel, wie die Geschwistersituation ins ganze Leben weiterwirken kann, ist Sigmund Freud. Als Erster von sechs Geschwistern war er ein ausgesprochener Familiendespot (sehr unterstützt von seiner ihn übertrieben bevorzugenden Mutter). So musste seine jüngere Schwester das Klavierlernen abbrechen (dieses war damals für die Bildung und damit Heiratsfähigkeit junger Mädchen von großer Bedeutung), weil ihr Üben den Bruder „störte". Auch später noch blieb Freud ein selbstgerechter und intoleranter Mensch. Adler und Jung waren primär als Mitarbeiter hochgelobt und hochwillkommen. Als sie aber eigene Meinungen äußerten, wurden sie mit Acht und Bann belegt und lebenslang angefeindet.

Es ist eine ganze Reihe von Faktoren für die Geschwisterbeziehung maßgebend: • Stellung in der Geschwisterreihe, • der Altersabstand, • das Geschlecht, • das Verhalten der Eltern zueinander und zu den Kindern, • zusätzliche Ereignisse. In der Kombiantion dieser Fakten gibt es natürlich eine Unzahl von Möglichkeiten, und es wäre daher völlig einäugig, bei einem auffälligen Faktor den Menschen nur nach diesem schematisch zu klassifizieren oder (was dann das Weiterwirken in schädlicher Konsequenz wäre) eine eventuelle Psychotherapie nur auf jenen einen Faktor zu fokussieren. (Es gilt das für alle biographischen Faktoren, die in diesem Buch vorkommen.)

Einiges Typische sei dennoch angeführt.

- Die älteste Schwester übernimmt nicht selten eine **„Reserve-Mutter-Stellung"**, die ihr unter Umständen ein Leben lang verbleibt, im Sinne von (Über-)Fürsorglichkeit. Das kann bis zum sogenannten **„Helfersyndrom"** mit Vernachlässigung eigener Bedürfnisse und Beziehungen führen.

- Der **jüngste Sohn** (speziell dann, wenn er das einzige männliche Kind ist) kommt fast unweigerlich in eine Verwöhnungssituation, die er natürlich auch ausnützt. Es können daraus egozentrische Männer mit gleichzeitig geschickter Anpassung an die jeweiligen Situationen werden. Durch den (als Kind schon bewährten) „Charme" können sie überdurchschnittliche Erfolge haben. Anderseits kann aus der gewohnten Unterforderung und Übertoleranz auch Erfolglosigkeit resultieren, da ja das Leben jene speziellen Privilegien später nicht parat hat.
- Als **Sandwich-Kinder** werden die mittleren in der Geschwisterreihe treffend bezeichnet. Sie rivalisieren typischerweise gegen die Dominanz der älteren und gegen die Bevorzugung der jüngeren. Es entwickeln sich nicht selten streitbare und misstrauische Typen, die dadurch im Leben einerseits leicht anecken, anderseits durch zähes Vertreten ihrer Rechte Erfolge haben können.

Neben dem düsteren konfliktorientierten *Freud*'schen Bild der Geschwisterbeziehung ergeben sich die elementare **Freude, miteinander zu spielen**, sowie wesentliche Erfahrungen für die **Sozialisation**. Das **Rivalisieren** um die elterliche Gunst kann neben dem Produzieren von Streitbarkeit bis Querulanz auch ein positiver Stimulus sein.

Vorschulkinder verbringen mehr Zeit miteinander als jedes Geschwisterkind mit seinen Eltern. – In einem westafrikanischen Stamm erfolgt überhaupt die Erziehung weitgehend durch die älteren Geschwister, während die Mütter auf dem Feld arbeiten.

Bei geglückter Geschwister-Beziehung können ein wechselseitiges Anerkennen und ein neues **Gefühl von Gemeinsamkeit** zustande kommen, das zu einer neuen „horizontalen Souveränität" (wie es *Sohni* nennt) führt. Bei Zwillingsgeschwistern kann das besonders ausgeprägt sein.

Zwei Zwillingsbrüder waren am Ende des letzten Weltkriegs in derselben Einheit. Es erfolgte wie telepathisch bei dem jeweils anderen die richtige Reaktion (im Folgenden lebensrettend). Als der eine von Feldgendarmen mit dem Erschießen bedroht wurde, weil er (in der Endphase des hoffnungslosen Rückzugs) einen jugendlichen Deserteur aus seinem Panzer nicht herausgeben wollte, lag der andere bereits hinter dem angeschlagenen Maschinengewehr, worauf sich die Feldgendarmerie lieber zurückzog.

Behinderte Kinder bieten die Möglichkeit der Zuneigung und Ablehnung. Es ist vor allem Sache der Eltern, nicht durch übertriebene Zuneigung (etwa bei einem behinderten Kind, um das sich alles dreht) Ablehnung durch die Geschwister zu fördern. Es kann aber auch die Hilfsbereitschaft einem behinderten Kind gegenüber eine wichtige positive Erfahrung in der Geschwistersituation werden. Als Grundmaxime gilt, wie schon gesagt, dass alle Kinder von den Eltern gleich zu behandeln sind. Nur so kann eine optimale Entwicklung stattfinden.

Die Regel der absoluten Gleichbehandlung aller Kinder spielt auch eine besondere Rolle bei **Adoptiv- und Pflegekindern**. Schwierig kann das werden, wenn nach Jahren ihre ursprünglichen Eltern sie plötzlich wieder in Beschlag nehmen.

Das wurde besonders von *Kerstin Muth* am Beispiel der „Versteckten Kinder" ausgeführt.[13] Die Rückkehr in die alte Familie war keineswegs immer problemlos, da sich teilweise in den neuen Familienkonstellationen herzliche Beziehungen ausgebildet hatten und die leiblichen Eltern völlig entfremdet waren. Es zeigt sich dabei ganz deutlich, dass die gelebte **menschliche Beziehung vor der genetischen (Bluts-)Beziehung Vorrang hat**. Demgegenüber stehen allerdings Kinder, die aus verschiedenen Gründen von ihrer Familie separiert wurden und die großen Wert darauf legen, ihre biologischen Eltern doch noch kennenzulernen. Es wird das in einer Fernsehsendung mit Suche der eigentlichen Eltern recht dramatisch und publikumswirksam dargestellt und mag auch in einigen Fällen wirklich so sein.

Dass es **neben positiven Geschwister-Wirkungen auch deutlich negative Ausformungen** von Geschwister-Beziehungen geben kann, darf natürlich nicht übersehen werden: Neid bis lebenslange Feindschaft. Eine der schlechtesten Extremvarianten, der **Geschwisterinzest**, wurde vordem schon besprochen. Geschwisterfeindschaften entstehen häufig aus Eifer-

---

13 Muth K.: Versteckte Kinder. Trauma und Überleben der „Hidden Children" im Nationalsozialismus. Gießen: Haland & Wirth im Psychosozial-Verlag 2004.
Die Autorin untersuchte jüdische Kinder, die man, um sie vor den nationalsozialistischen Vernichtungslagern zu bewahren, unter falschem Namen oder sonstigen Prätexten bei anderen Familien oder in Klöstern untergebracht hatte. Dort, wo es nach dem Kriegsende noch eigene Familien gab, kam es fallweise zur Rückkehr in diese.

sucht wegen wirklicher oder vermeintlicher Ungleichbehandlung durch die Eltern oder bei deren Tod häufig aus **Erbstreitigkeiten**.

Soweit dieser Exkurs über Erziehungs- und Geschwister-Konstellationen. Sie sind ein wesentlicher **Teil der „Beziehungen"**, welche unsere Persönlichkeit nachhaltig mitbestimmen. Somit ist auch die Pädagogik ein wichtiges Grenzgebiet für eine integrierte Psychotherapie.

4.c. Die Freundschaftsbeziehung

In der Schulzeit entwickeln sich enge Freundschaftsgruppierungen, die dem jungen Menschen beim Heranwachsen helfen, Ängste und Enttäuschungen abzufedern, und die eigene Stärke vervielfachen. In der Wissenschaft spricht man von den sich bildenden **Peergroups**, also den Freundschaftsgruppen.

Diese Peergroups sind wichtig für die Entwicklung des jungen Menschen. Daher ist es auch wichtig für die Eltern, diese Freundschaftsgruppen sinnvoll zu fördern, etwa die Freunde nach Hause einzuladen, denn dabei lernt man sie kennen. Man kann sie beurteilen und versuchen den „schlechten" Freundschaften gegenzusteuern.

Ebenfalls in diese Freundschaftsbeziehung fallen nämlich auch die **Negativvarianten der Freundschaftsbeziehung**, in denen sich jugendliche Banden zusammenfinden, um Diebstähle, Gewalttaten und Vandalenakte zu begehen.

Es ist sehr wichtig für die Eltern, an die positiven und die negativen Möglichkeiten von Freundschaftsbeziehungen zu denken und diese so weit wie möglich ins Positive zu lenken. Es gilt dazu die Freundesbeziehungen der Kinder möglichst genau kennenzulernen, ohne aber zu versuchen sich übertrieben hineinzudrängen. Und: reden, reden, reden! Wenn das auch manchmal bei den sich zurückziehenden Kindern (vor allem in der Pubertät) keineswegs immer leicht ist.

5. Psychotherapie und psychotherapeutische Beziehung

Es wird teilweise noch immer missverstanden, dass Psychotherapie eine Therapie der Psyche, also der Seele, sei. Das ist falsch, denn Elektrotherapie heißt nicht Behandlung der Elektrizität, sondern mittels Elektrizität, und so ist auch die Psychotherapie eine Behandlung mit psychischen Mitteln im Gegensatz zur Physiotherapie (Therapie mit physikalischen Mitteln), Pharmakotherapie (Behandlung mit Medikamenten) etc. Sie behandelt mit psychischen Mitteln die **ganze somato-psycho-soziale Einheit Mensch**. Es gibt sehr wohl Psychotherapieansätze, die zu körperlichen Änderungen führen können (etwa Hypnose bei Darmstörungen, Verbrennungen etc.), also keineswegs nur die Psyche ansprechen – wenn auch Hilfestellung im psychischen Bereich eine Hauptaufgabe der Psychotherapie darstellt (**Abb. 1**).

Unter modernen Gesichtspunkten und unter Berücksichtigung der verschiedenen Methoden, die heute angewandt werden, gebe ich folgende **Psychotherapie-Definition:**

> 1. Behandlung des ganzen Menschen als <u>somato-psycho-soziale Einheit</u>, mit psychischen Mitteln <u>einzeln oder + Bezugsperson(en)</u>
> 2. nach einer <u>lehr- und lernbaren</u> Methode
> 3. zur <u>Besserung</u> (bestenfalls Heilung) und/oder stützenden <u>Begleitung</u> von <u>Krankheiten / Leiden / Krisen / Lebensschwierigkeiten</u>

Es werden dabei die **Alters- und Rehabilitationspsychotherapie, Krisenintervention, Palliativpsychotherapie und die Miterfassung der Angehörigen** auch durch die Wortwahl stärker betont, wie es auch im vorliegenden Buch mehrfach zum Ausdruck kommt.

In den älteren Psychotherapie-Definitionen haben die unterschiedlichen neueren Anwendungsgebiete gefehlt, und leider sind diese einengenden und (wie ich sagen muss) nur teilrichtigen Definitionen in das österreichische sowie das deutsche Psychotherapie-Gesetz eingegangen. Diese Gesetze sind von (Standes-)Politikern beschlossen worden und gelten heute noch immer. Es ist aber zu hoffen, dass die Unvollständigkeit und teilweise Unrichtigkeit der Psychotherapie-Gesetze doch bald einmal korrigiert werden. – Ausführlichere Darstellung und Diskussion über die Psychotherapie-Gesetze in *Barolin* (2006, aktualisiert 2009).

5. PSYCHOTHERAPIE UND PSYCHOTHERAPEUTISCHE BEZIEHUNG

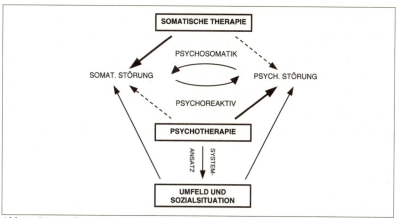

Abb. 1: Die moderne Neurobiologie hat gezeigt, dass Psyche und Körper keineswegs zwei getrennt zu betrachtende Systeme, sondern eine somato-psycho-soziale Einheit darstellen. Daher können körperliche Maßnahmen auch psychische Wirksamkeit entfalten und psychische körperliche. Die stark ausgezogenen Pfeile geben die hauptbeachtete Wirkung an, die punktierten Pfeile Wirkungen, die oft übersehen werden, aber nicht minder wichtig sind.

Folgend einige Kurzhinweise auf die Psychotherapie, wie sie sich heute präsentiert.

Es war ein Teil von *Freuds* großer psychotherapeutischer Pionierleistung, aufgezeigt zu haben, dass Bewusstmachen unbewusster (verdrängter) negativer Prägungen diese bereits entschärfen kann. • Die Analyse zielt dementsprechend speziell auf die Störfaktoren ab (**pathogenetisches Konzept**). • Das **salutogenetische Konzept** geht darüber hinaus, indem die positiven Persönlichkeitsanteile und Möglichkeiten besonders herausgeholt und verstärkt werden sollen. In die gleiche Richtung geht auch *Frankls*[14] Therapieansatz: Der Mensch muss den Sinn in seinem Leben (wieder-)erkennen lernen. • **Verhaltenstherapie** und auch **Familientherapie** wollen das ganze soziale Umfeld des Patienten mit den darin bestehen-

---

[14] Frankl war ein Wiener Psychiater, der als Jude den Verlust seiner Familie im Holocaust und seine eigene Verschleppung in ein Konzentrationslager miterlebt hat. Dadurch wurde sein weiteres Leben maßgeblich mitgeprägt. Sein Buch „... trotzdem Ja zum Leben sagen" zeigt auf, wie man auch unter den schrecklichsten Umständen einen Sinn im Leben und Tun finden kann und dass einem das auch zum Überleben maßgeblich hilft.

den (gestörten) Beziehungen miterfassen und geben dazu spezielle Trainingsaufgaben.

> Der von mir inaugurierte Begriff der • „**Integrierten Psychotherapie**" (*Barolin* 2006) will keine neue (überflüssige) Psychotherapie-Schule bezeichnen, vielmehr für die Psychotherapie eine **erweiterte Zielrichtung:** Sie soll in die gesamte Medizin einschließlich ihrer benachbarten Sozialberufe einstrahlen, entsprechend kooperieren und koordinieren. (**Abb. 2**)

Dazu unterscheiden wir:
a) die **basale Psychotherapie**. Sie soll neben der direken Wirkung im Patientenkontakt auch (wo nötig) den Weg zu einer spezifischen Psychotherapie ebnen und diese ständig begleiten. Sie soll von allen im Gesundheitsberuf Tätigen gekannt und vermittelt werden.

Der Begriff der basalen Psychotherapie überschneidet sich mit dem der **supportiven Psychotherapie**, die im Standardwerk von *Möller/Laux/Kapfhammer* zur „psychotherapeutischen Grundversorgung" gehört und keineswegs nur die Fachärzte angeht.

b) Die **berufsspezifische Psychotherapie** soll bei besonders psychotherapiebedürftigen Patienten zum Einsatz kommen. Dazu gibt es (nach der österreichischen gesetzlichen Regelung) einerseits speziell zusätzlich ausgebildete Ärzte („Arzt für psychotherapeutische Medizin mit Psy-Diplom der Ärztekammer"), anderseits Psychotherapeuten, die aus einer anderen Grundausbildung kommen können. Beide Arten der Psychotherapeuten müssen eine Zusatzausbildung von etwa 2000 Stunden machen, um diese gesetzlichen Titel tragen zu dürfen.

Es gehört dazu eine deutlich erweiterte Ausbildung. Sie ist leider noch keineswegs überall vorhanden. Ich sage das für den nichtärztlichen Leser, damit er darauf schauen und danach fragen kann. Für die Entscheidungsträger aus dem ärztlichen Bereich sage ich es als eine Notwendigkeit, die wesentlich stärker als bisher zu berücksichtigen sein sollte.
- Mehr psychotherapeutisches Grundwissen bei den nicht speziell psychotherapeutisch Tätigen im Gesundheitsberuf;
- bei den psychotherapeutisch Tätigen fachübergreifend und nicht nur auf eine Psychotherapie-Schule zentriert.

Die angeführten Konzepte finden sich in vielfacher Art und Mischung in den psychotherapeutischen Schulen. Diese sind jedoch nicht in den

Integrierte Psychotherapie *(n. Barolin)*

- Will **direkt auf den Patienten zugehen** und nicht darauf warten, bis dieser in einen isolierten Elfenbeinturm der Psychotherapie Einlass begehrt, somit sich dem gesamten Gesundheitssystem zur Verfügung stellen und möglichst alle erreichen, die ihrer bedürfen:
  - die **psychogen** Beeinträchtigten,
  - mit ihrer **psychosomatischen** Auswirkung,
  - die Patienten mit **primär körperlichen** Beeinträchtigungen unter Mit-Berücksichtigung ihrer psychischen Begleit- und Folgeerscheinungen:
  - speziell in der **Rehabilitation**,
  - Menschen **höheren Lebensalters**,
  - bis hin zur **Sterbebegleitung**.
- Sie betrifft die **gesamte „somato-psycho-soziale Einheit Mensch"**, und verwendet dazu psychische Mittel, die sowohl **psychotrop als auch somatotrop** angreifen können, in **Koordination** mit allen Instanzen, die den Menschen betreffen:
  - medizinische (Medikation, Physiotherapie etc.)
  - Pflege
  - Medizinische Assistenzberufe
  - Sozialarbeit
  - Administration
  - Pädagogik
  - Geragogik
  - Seelsorge etc.
- Dazu ist wechselseitige Kenntnis der Nachbargebiete vonnöten: psychotherapeutisches Grundverständnis mit der entsprechenden Einstellung und Aktion, auch bei den nicht gezielt Psychotherapie-Treibenden: **basale Psychotherapie**
- Psychotherapeutische „Schulen" sollen als solide Lernbasis dienen. Anwendung soll jedoch schulübergreifend sein: **„patientenzentriert statt schulzentriert"**
- Dazu muss integrierte Psychotherapie auch **„sozial-integriert"** und integrierbar sein mit Bekenntnis
  - zur Ökonomie (im Sinne von „Sozialethik"),
  - damit auch zur Evaluation.
- **Wissenschaft und Praxis** müssen Hand in Hand gehen, eingebunden in ein übergeordnetes **human-ethisches Postulat**, mit einer besonders ausgeprägten **kommunikativen Komponente**.

Abb. 2: Integrierte Psychotherapie geht alle Medizin- und Sozialberufe an, eigentlich jeden von uns. Die integrierte Psychotherapie will den Weg von einer elitären Psychotherapie zur sozialen Psychotherapie weisen.

allgemeinen Universitäten für Medizin oder Psychologie beheimatet. Es gibt vielmehr eigene Berufsvereinigungen (Gesellschaften), die sowohl eine bestimmte Psychotherapiemethode pflegen, lehren und weiterentwickeln als auch diese standespolitisch bezüglich Ausbildungsstandards und Honorierung im Gesundheitssystem vertreten. Somit ist die gesetzlich geschützte Berufsbezeichnung „**Psychotherapeut**" an die Ausbildung in einer solchen Gesellschaft gebunden (die natürlich auch gesetzlich anerkannt sein muss).

Nach dieser Klarstellung über den Status des Psychotherapeuten und des Arztes für Psychotherapie scheint ein Blick auf die **Methoden der Psychotherapie** angezeigt.

Dabei ist es schwer, übersichtlich zu bleiben. Es gibt gegen 300 unterschiedliche Schulen (Richtungen, Methoden) der Psychotherapie, die durch entsprechend viele psychotherapeutische Vereinigungen repräsentiert werden. Ich erlaube mir, es einen „Dschungel der Unübersichtlichkeit" zu nennen. Manche propagieren eine Einteilung in vier Gruppen:
– tiefenpsychologisch
– verhaltenstherapeutisch
– systemisch
– humanistisch

Diese Einteilung ist weder logisch noch umfassend (übereinstimmend mit dem rezenten 2000-Seiten-Standardwerk von *Möller/Laux/Kapfhammer*). Beispielsweise muss man sich fragen, welche Psychotherapie denn nicht humanistisch ist? Außerdem ist eine Menge psychotherapeutischer Methoden in dieser Vierfach-Einteilung nicht enthalten, etwa die Hypnosetherapie.

Im Folgenden gebe ich eine Einteilung der Psychotherapie in sechs Gruppen, worin alles Gängige untergebracht werden kann (**Abb. 3**). In dieser Abbildung wird auch dargestellt, dass Psychotherapie keineswegs nur aus „Reden" besteht, wenn das Gespräch auch in jeder Art der Psychotherapie ein wichtiger Bestandteil ist.

Wenn jemand zum Arzt geht, so gibt er diesem einen **Vertrauensvorschuss** und legt damit schon Wert darauf, eine positive Beziehung aufzubauen. Das gilt umso mehr für psychotherapeutische Behandlung. Dabei ist es ja notwendig, dass der Patient sich seelisch öffnet und unter Umständen Dinge berichtet, über die er sonst mit niemandem reden würde.

Positive therapeutische Beziehung ist ein wichtiger Faktor für den guten Erfolg einer Psychotherapie. Im psychotherapeutischen Sprachgebrauch

5. PSYCHOTHERAPIE UND PSYCHOTHERAPEUTISCHE BEZIEHUNG

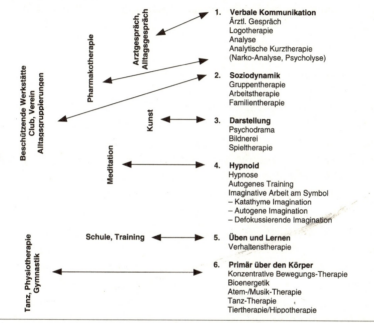

Abb. 3: Die (mehrere 100) speziellen Psychotherapieverfahren lassen sich nach ihren vordergründig wirksamen Faktoren in sechs große Gruppen zusammenfassen. Pfeile nach der linken Abbildungsseite deuten an, welche nicht-psychotherapeutischen Verfahren und Methoden damit verwandt sind. Ich habe 100 Euro für den Ersten ausgesetzt, der mir eine gängige Psychotherapie-Methode nennen kann, die in dieses Schema nicht hineinpasst.

spricht man von **Empathie, also Mitgefühl** (nicht zu verwechseln mit Mitleid), was auch wiederum nichts anderes heißt, als sich in den anderen einfühlen und ihm als wohlwollende Persönlichkeit entgegentreten. Die Wichtigkeit der Empathie hat schon *Paracelsus* vor Jahrhunderten gewusst, denn er hat gesagt: „**Was wirklich heilt, ist die Liebe**". Er hat damit sicherlich nicht nur die erotische Liebe gemeint (so schön sie auch ist), sondern das menschlich verbundene Gemeinsamschwingen von Patient und Therapeut.

5.a. Erotik und Psychotherapie

Es ist durchaus möglich, dass sich aus der führenden und verstehenden Rolle des Therapeuten auch für beide Teile gewisse **erotische Schwingungen** ergeben. Diese sollen gar nicht weggeleugnet werden. Man muss sie im Gegenteil klar sehen und klar damit umgehen. Denn wenn aus diesem eventuell bestehenden erotischen Klima ein sexueller Akt wird, so ist das ein klarer Missbrauch der therapeutischen Beziehung. Es wurde auch schon im Vorigen darauf hingewiesen, dass sich daraus, abgesehen von den eigenen ethischen Bedenken, auch rechtliche Konsequenzen ergeben können. Warum? Aus der Rolle des Therapeuten dem Patienten gegenüber ist auch eine deutliche Autoritätszuschreibung gegeben. Der Therapeut ist für den Patienten eine Autorität und mit autoritärer Gewalt ausgestattet (wenn diese auch nicht als direkter Autoritätsanspruch in eine ordentliche Psychotherapie hineingehört, aber sie besteht!). Wenn also der Therapeut aus dieser Rolle heraus eine sexuelle Beziehung aufnimmt, so benützt er eben jene „autoritäre Gewalt" auch zu einer Art von Ver-Gewaltigung. Denn der Patient hat sich ja in eine untergeordnete und ausgelieferte Rolle begeben, mit dem gleichzeitigen Vertrauensvorschuss an den Therapeuten, dass dieser die Autorität nur zum Zweck seines Gesundwerdens verwendet.

Wir wissen von etwa 10 % therapeutischen Beziehungen, im Zusammenhang mit welchen sexuelle Akte vorgekommen sind. Dort, wo der Therapeut nach Ausreden sucht, wurde meist gesagt, dass der Patient an einem Beziehungsmangel leide und man ihm eigentlich diesbezüglich durch Aufnahme der persönlichen sexuellen Beziehung auch geholfen habe. Aber wie gesagt, das sind Ausreden, die nicht wirklich gelten.

5.A. EROTIK UND PSYCHOTHERAPIE

Die **Psychotherapie-Ausbildung** beinhaltet einen beträchtlichen Teil an Selbsterfahrung für jeden Therapeuten. Er sollte dadurch lernen, dass seine eigenen Wünsche und Bedürfnisse nicht schädigend aus dem Unbewussten in die therapeutische Beziehung einstrahlen sollten. Aber diese Selbsterfahrung in der Psychotherapie-Ausbildung macht natürlich nicht aus jedem einen Idealmenschen. Jeder Psychotherapeut hat weiterhin seine eigene Psychodynamik, und es ist keineswegs in jeder Psychotherapeuten-Ausbildung gelungen zu verhindern, dass daraus eben auch Schaden entstehen kann.

Es ist notwendig, das offen anzusprechen!

Der Patient muss es genau wissen, um einerseits eventueller Übergriffigkeit entgegentreten zu können, sei sie auch scheinbar noch so „gut gemeint", anderseits um für auftretende eigene Verliebungsphasen dem Therapeuten gegenüber vorgewarnt zu sein. Je tiefgehender und damit erfolgreicher eine Psychotherapie ist, umso wahrscheinlicher werden solche erotisierten Zuneigungsphasen. Es ist also die Psychotherapie für uns Psychotherapeuten ein heikler Boden und eigentlich immer eine Gratwanderung. Wir dürfen uns nämlich vor der positiven Zuwendung zum Patienten nicht fürchten, da sie sogar eine wesentliche Ingredienz der Psychotherapie ist. Wir müssen uns aber davor hüten, durch zuviel Zuwendung den Patienten und unserem Psychotherapeutentum zu schaden.

Freud hat dem eine Barriere absoluter Abstinenz für seine Schüler entgegenzusetzen versucht. In der klassischen Psychoanalyse sitzt der Therapeut am Kopfende des liegenden Patienten, es gibt weder Blickkontakt noch irgendwelche Berührungen. In der nicht streng analytischen Psychotherapie kommt es aber sehr wohl auch zu Berührungen. So werden bei Hypnose eventuell Berührungen der Extremitäten durchgeführt, im Sinne von Streichen über Arme und Beine (passes), und die (auch offiziell anerkannte) „Konzentrative Bewegungstherapie" vermittelt noch stärkeren Körperkontakt. Umso mehr gilt es aber sich dessen klar zu sein, was man tut und was man nicht mehr weiter tun darf.

> Meinen männlichen Ausbildungskandidaten und Mitarbeitern habe ich immer aus didaktischen Gründen das recht brutale Wort gesagt: „Bei Patientinnen müssen Sie immer und absolut kastriert sein".

Es heißt also nicht, dass es die erotischen Strömungen nicht gibt und dass man sie nicht beachten sollte, sondern dass man weiß, wo sie bei der Patientin enden müssen. – Meist handelt es sich ja, wenn Erotik im Spiel ist, um einen männlichen Therapeuten und eine weibliche Patientin. Aber auch bei gleichgeschlechtlichen Therapiebeziehungen gibt es fallweise gewisse erotische Strömungen, mit denen man umgehen muss. Ich habe das zusammen mit einer Frau als Mitautorin an anderer Stelle näher ausgeführt (*Neises/Barolin*).

Es hat aber auch längerfristige tragfähige Bindungen und Ehen zwischen Therapeuten und Patientinnen gegeben. Das ist in jedem Fall individuell zu betrachten, kann unter Umständen durchaus möglich sein, ist aber eine sehr heikle Angelegenheit. Manche Berufsorganisationen verlangen ein Intervall von mindestens zwei Jahren zwischen Behandlung und eventueller Aufnahme sexueller Beziehung von den Psychotherapeuten.

6. Die Sexualbeziehung

Es ist das ein Thema, das einerseits sehr im Zentrum der menschlichen Beziehungen und deren Störungen steht, anderseits aber aus sehr unterschiedlichen Gesichtspunkten meist bruchstückhaft und vielfach falsch gesehen wird (siehe später noch bei „Aufklärung"). Auch die Therapie betreffender Störungen wird meist einseitig dargestellt: einerseits „nur" mechanistisch, anderseits „nur" psychotherapeutisch. Physiologie und Psychologie der Sexualität werden dabei häufig isoliert und nicht (wie es der **somato-psycho-sozialen Einheit Mensch** entspricht) als einheitlicher Komplex gesehen (**Abb. 1, Kap. 5**).

Ich versuche im Folgenden eine Darstellung der Sexualität, welche Physiologie und Psychologie in ihrem ständigen Zusammenwirken zeigt. Das mag einerseits zum Grundwissen und Grundverständnis helfen. Anderseits mag es durchaus therapeutisch nützlich sein, Menschen, die in den betreffenden Krisen stehen, direkt das Faktenwissen und den Umgang damit zu vermitteln.

Revenstorf zitiert eine völkerübergreifende Untersuchung zur Liebesbeziehung. Es wurden 10.000 Personen aus 37 Völkern erfasst. Im Wesentlichen zeigten sich **überall die gleichen** menschlichen Gesetzlichkeiten, unabhängig von den rituellen und religiösen Gebräuchen (Einehe, Mehrehe, Beziehung ohne Ehe oder mit Ehe). Die führenden deutschsprachigen Bücher über das Thema der Sexualität sind: *Beier/Bosinski/Hartmann/Loewit* sowie *Sigusch*.

Die schematische Aufgliederung laut **Abb. 4** will dazu helfen, die Komplexität der Sexualität näher zu verstehen.

Ich hoffe, nicht dahingehend missverstanden zu werden, dass ich durch Schematisieren alles einteilen und versachlichen möchte. Sexualität hat viel mit Emotionen, also mit Gefühlen, zu tun und es wäre ein sträflicher Gewaltakt, diese in ein einfaches Schema pressen zu wollen, denn jeder Einzelne hat seine ureigenen Gefühle und seine ureigene Sexualität. Aber für eine lebenslange Psychohygiene, die über momentane Gefühle hinausgeht, ist doch das Erkennen allgemeiner Gesetzmäßigkeiten und die differenziertere Betrachtung sinnvoll.

6. DIE SEXUALBEZIEHUNG

**Schematische Aufgliederung
des Komplexes „Sexualität"**

A.) **Finale Dimension („Wozu?")**

1. Fortpflanzungs-Dimension

   Phylogenetisch vorprogrammiert zur Arterhaltung

   (2 + 3 stehen mit im Dienste dieser 1. Dimension)

2. Lust-Dimension mit ihrer Vorstufe der Erotik
   a) das reine Luststreben und Lustempfinden
   b) Kombination mit Beziehung
      - „akut" = „Verliebtheit"
      - länger dauernd mit erweiterten Beziehungskomponenten (übergehend in Familienstreben)

3. Beziehungs-Dimension
   a) Die empathische Beziehung als menschliches Urbedürfnis
   b) Die institutionalisierte Beziehung als (Familien-) Sicherungskomponente

4. Spirituelle Dimension

   ist etwas spezifisch Menschliches ohne phylogenetische Vorläufer

B.) **Kausale Dimension („Wodurch?")**

1. (neuro-)physiologisch
2. psycho-dynamisch
3. sozial

Abb. 4: Der große Begriff der Sexualität wird leichter verstehbar (und bei Störungen leichter behandelbar), wenn er in seinen Dimensionen aufgeschlüsselt wird. Auch hier geht es, wie bei Abbildung 1 (→ Kap. 5) schon gezeigt, um ein ständiges Miteinanderwirken von Körper und Psyche.

Wenn wir die „kausalen Dimensionen" (also: Wieso kommt es dazu?) aus Abb. 4 näher besprechen, so ist dazu Folgendes zu sagen:

1. „Das Körperliche" ist ein seit Jahrtausenden vorgegebenes Reaktionsmuster im Körper- und Hormonhaushalt (neurophysiologisch).

Das ständige Zusammenspiel von Körperlichem und Psychischem geht über ein bestimmtes Gehirngebiet, den Hypothalamus, vor sich, den wir

6. DIE SEXUALBEZIEHUNG

dementsprechend die Drehscheibe zwischen Körper und Seele nennen können. Dort entstehen einerseits aus körperlichen Empfindungen Gefühle. Anderseits können auch Gefühle aufs Körperliche wirken (siehe etwa Durchfall bei Schreck und Ähnliches). Es ist auf die **Abb. 1** (Kap. 5) rückzuverweisen.

Es werden **erotische Signale** ausgesandt und aufgenommen, sie können teils unbewusst, teils bewusst sein und gehen über verschiedene Sinneskanäle: Gebärden, Blicke und die Mienen, die man **sehen** kann, den Klang der Sprache, die man **hören** kann, und auch über **Geruchssignale**, die zwar im Tierreich eine größere Rolle spielen, aber bei uns Menschen auch keineswegs zu verachten sind (schließlich lebt die ganze Parfum-Industrie davon). Über unsere Aufnahmeorgane werden diese Signale ins limbische System (eine der ältesten Gehirnstrukturen [denn es hat ja derlei schon seit Anbeginn des Tierreichs gegeben]) geleitet und von dort aus wird eine **Transmitterkaskade** ausgelöst (Botenstoffe, die Verschiedenes im Körper bewirken). Es kommt einerseits zu einer gewissen körperlichen Gegenaktion, also das körperliche Reagieren darauf mit Gebärde, Wort und Gesichtsausdruck, zugleich werden aber gewisse Drüsen und gewisse Hirnstrukturen angeregt und es kommt zu dem, was wir Erotik nennen. Diese Kaskade geht, wenn sie nicht unterbrochen wird, weiter bis zum Orgasmus.

2. „Das Psychische" ist einerseits von einer Vielzahl gegenwärtiger Faktoren abhängig, anderseits gibt es aus der Phylogenese unserer Urgeschichte (das hat *C. G. Jung* das „kollektive Unbewusste" genannt) und aus der eigenen Kindheitsentwicklung stammende Grundmuster, die, ohne dass wir es wissen, in unser Verhalten einstrahlen.

3. „Das Soziale" ist vom ständigen Wandel der menschlichen Lebensformen und der menschlichen Ansichten abhängig und in ständiger Veränderung.

Der Orgasmus ist der Höhepunkt des Liebesakts. Es bildet sich – und das ist gleich bei Mann und Frau – eine zunehmende innere Spannung aus, mit Wohlgefühl, das sich ständig steigert und zu einem Höhepunkt führt (eben dem Orgasmus), der den ganzen Körper durchströmt und mit zum Schönsten gehört, was Menschen erleben können. Beim Mann ist das an den Ausstoß der Samenflüssigkeit gekoppelt, bei der Frau kommt es zu rhythmischen Kontraktionen der Scheidenmuskulatur. Es steigt dabei der Blutdruck und die Atmung wird heftiger. Manche Männer versuchen das Gefühl zugleich in Worte zu fassen, manche Frauen haben das Gefühl, „sie müssen es hinausschreien", manche tun es auch.

Im besten Fall haben Mann und Frau ihren Orgasmus gleichzeitig, aber das geht nicht immer. Vielfach kommt es beim Mann zu einem zu frühen Samenerguss, und er kann den Höhepunkt der Frau nicht abwarten (ejaculatio praecox). Das kann auch damit zusammenhängen, dass die Frau längere Reizung als der Mann braucht, um bis zum Orgasmus zu kommen.

Wo es zu überhaupt keinem Orgasmus der Frau kommt, spricht man von Anorgasmie.

In der Behandlung geht es einerseits um psychotherapeutische Maßnahmen, um aus Biographie, Situation etc. psychodynamische Hintergründe zu erhellen. Anderseits geht es um sexualtherapeutische Ratschläge, die von guten Frauenärzten oder auch speziell versierten Sexualtherapeuten kommen sollen, wie etwa das weibliche Sexualorgan besser zu reizen wäre – sei es durch veränderte Stellungen, mit der Hand oder mit mechanischen Hilfen.

Kaiserin Maria Theresia mit ihren immerhin 16 Kindern – also sicherlich auch sexuell nicht unaktiv – fragte ihren Leibarzt *van Swieten* einmal, wie man mehr und besser spüren könne. Er antwortete: „Clitoridem Majestatis esse titillandam." Zu deutsch: „Die Klitoris Eurer Majestät sollte gekitzelt werden."

Nach einem Orgasmus kommt es beim Mann relativ rasch (Sekunden) zu einer wohligen Erschlaffung und Gelöstheit. Es sind auch nicht wenige Männer, die dann in einen „seligen" Schlaf hinübergleiten. Das soll von der Frau nicht als Missachtung betrachtet werden, sondern als ein vorgegebenes biologisches Muster. Bei der Frau hält nämlich die Lustspannung nach dem Orgasmus, das Gefühl für Zärtlichkeit etc., meistens länger an (Viertelstunden).

In einem alten spanischen Lied wird das sehr einfühlsam besungen und wurde von *Paul Heyse* übersetzt (aus dem Gedächtnis):
> In dem Schatten meiner Locken
> Schlief mir mein Geliebter ein.
> Weck ich ihn nun auf? – Ach nein!

6. DIE SEXUALBEZIEHUNG

Was bei der Beziehung allgemein schon gesagt wurde, trifft für den Höhepunkt der Sexualbeziehung besonders zu: dass es auch große Freude macht, dem anderen Freude zu geben. Es hat das einen gewissen Prestigewert beim Mann, aber die **Lust an der Lust des anderen** ist auch eine eigene Lust und kommt vor allem in der Alterssexualität, wo unter Umständen schon keine Erektion mehr möglich ist, zum Tragen (Kap. 6.d.).

Mehrheitlich betrachten Frauen die eigene Lust in ihrer Wertigkeit als sekundär gegenüber der guten menschlichen Beziehung.

Mechthild Neises (die Leiterin der Abteilung für psychosomatische Gynäkologie an der Universität Hannover) hatte über viele Jahre Frauen mit gestörtem Orgasmus in Behandlung. 67 % davon gaben an, in ihrer Partnerschaft dadurch nicht gestört zu sein. – Natürlich soll das nicht dazu führen, dass es gleichgültig ist, ob die Frau einen Orgasmus hat oder nicht, das wäre eine typische Machohaltung. Ein gemeinsames Empfinden ist sehr wohl anzustreben.

Bezeichnend ist diesbezüglich, dass früher jene **Machomentalität** viel stärker ausgeprägt gewesen sein muss, denn noch vor 100 Jahren haben ernsthafte Psychiater den Orgasmus der Frau als etwas Krankhaftes dargestellt, das also einer „bürgerlichen Frau" nicht zustehe. Auch das **Beschneiden** der Frauen in manchen afrikanischen Kulturen mag in jener Auffassung seine Wurzeln haben. Das Beschneiden des Mannes ist nur ein Kappen der Vorhaut (wohl aus ursprünglich hygienischen Gründen in der jüdischen und islamischen Kultur verankert), ohne dabei die Lustempfänglichkeit des Mannes zu beeinträchtigen – wohingegen die Beschneidung der Frau die Klitoris betrifft, welche ein Hauptempfangsorgan für weibliches Lustgefühl darstellt. Die Frauenbeschneidung wird in vielen afrikanischen Ländern noch immer durchgeführt und bringt vielfach schwere Verletzungen der Frau bis zu Sepsis und Tod mit sich. *Waris Dirie*[15] gibt den bewegenden Bericht einer Betroffenen, die sich inzwischen als UNO-Beauftragte gegen dieses barbarische Sexualritual einsetzt. Aber es ist bei Weitem noch nicht verschwunden.

---

15 Dirie W.: Wüstenblume. München: Schneekluth Verlag 1998. Die Autorin wurde dann im späteren Leben ein sehr gefragtes Model und nützte ihre Prominenz dazu, um immer wieder gegen die Sexualverstümmelung der Frauen aufzutreten. Sie berichtet, wie junge Mädchen zwischen 12 und 14 Jahren dringend auf ihre Beschneidung hofften, weil man damit erst eine akzeptierte Erwachsene wurde, und wie dann das Ritual von irgendwelchen Beschneiderinnen unter großen Schmerzen und Qualen erfolgte, während die Mutter das schreiende Kind hielt. In primitiver Weise wurde dann die Wunde vernäht (weit entfernt von allen Ideen einer chirurgischen Asepsis) und für mehrere Wochen die Beine zusammengebunden, um so eine primitive Heilung herbeizuführen. Viele starben nach dieser Operation an Sepsis, viele hatten auch nachher noch Schwierigkeiten beim Urinieren, bei der Menstruation, beim Geschlechtsverkehr etc.

6. DIE SEXUALBEZIEHUNG

Manche Frauen, **die keinen Orgasmus haben, täuschen diesen vor** (oder versuchen es zumindest), um dem Mann eine Freude zu machen.

Ein Psychotherapie-Patient sagte mir einmal: „Ich glaube, dass meine Frau den Orgasmus nur vortäuscht." – Ich darauf: „Wenn die Frau Ihnen den Orgasmus vortäuscht, so freuen Sie sich doch. Sie tut es ja Ihnen zuliebe. Reden Sie mit ihr in Ruhe darüber, aber wenn es nicht anders geht, machen Sie eben mit."

Man soll daran arbeiten und sich vor allem trauen, darüber in vertraulichem Rahmen zu **sprechen** und/oder Experten beizuziehen, als da sind aufgeschlossene Psychotherapeuten, aufgeschlossene Frauenärzte, aufgeschlossene Ärzte allgemein und auch Therapeuten, die sich auf Sexualtherapie spezialisiert haben. Dazu ist aber zu sagen, dass es keineswegs nur eine Angelegenheit der Sexualorgane ist, sondern das große Gebiet der menschlichen Beziehung gesamthaft umfassen soll. Denn der Orgasmus ist (wie das Meiste im Sexualleben) durch das Zusammenwirken von Körper und Psyche bestimmt. Störungen kommen daher meist aus beiden Bereichen gemeinsam und müssen dementsprechend multifaktoriell behandelt werden.

Heute sprechen Frauen öfter und freier über gelebte und nicht gelebte Sexualität, während dieses Thema früher vielfach als Tabu unter den Teppich gekehrt wurde.

Mir sagte eine junge Frau, die nach vielen Jahren, in denen sie noch keinen Orgasmus erlebt hatte, in einer neuen Beziehung bis zum Orgasmus gelangte: „Ich weiß jetzt, dass es sehr schön ist und dass man die Männer dazu anleiten muss, mehr daran zu arbeiten. Ich bin aber der Meinung, dass eine gute, tragfähige Beziehung doch noch wichtiger ist."

Übrigens macht es uns ja speziell die **deutsche Sprache** schwer, über die körperliche Vereinigung zweier Menschen zu sprechen. Wir haben eigentlich nur wissenschaftliche Ausdrücke (wie „koitieren") und Vulgärausdrücke, die bis vor wenigen Jahrzehnten in der gehobenen Sprache verpönt waren. Sie kamen in seriösen Büchern, Schriften, Theater und Kino nicht vor. Heute werden sie speziell gern gebraucht, einerseits um drastisch und realitätsnahe zu wirken, anderseits um damit auch eine gewisse Provokation des Establishments zu verbinden. Jeder kennt sie. Meist erscheint dabei der Mann als der Aktive. Daneben wird in der Umgangssprache „miteinander schlafen" verwendet, wobei man sich aber wiederum um die eigentliche Sache drückt. Denn man schläft ja bekannt-

6. DIE SEXUALBEZIEHUNG

lich nicht dabei, sondern eventuell nachher. Immerhin sind dabei Mann und Frau gleichberechtigt beteiligt. So ist es auch im Französischen: Man spricht hier nämlich von „faire l'amour" (also „Liebe machen").

Besonders hübsch, erfreulich und geschlechtergleich klingt es in einer Eskimosprache. Da heißt es nämlich: „**zusammen lachen**". Ob es trotzdem auch Eskimo-Machos gibt, die sich um das Wohlbefinden der Frau wenig kümmern, ist mir nicht bekannt. Immerhin ist aber schon die sprachliche Formulierung ein schönes Symbol und sollte vielleicht auch, wenn schon nicht sprachlich, so doch mentalitätsmäßig in unseren Gebrauch übergehen.

Wenn wir jetzt zu den **finalen Dimensionen der Sexualität** übergehen (also: Warum passiert das alles?), so sehen wir Folgendes:

Die Natur hat alles so eingerichtet, damit die Arterhaltung, also das Weiterbestehen der Menschen, möglichst gesichert ist. So wird auch die Lust (Pkt. 2 in **Abb. 4**, Kap. 6) in diesen Dienst gestellt. Die Lust, das ist die angenehme Empfindung beim sexuellen Akt. Wenn dieser nicht angenehm wäre, so würde es ja niemand machen und wir wären längst ausgestorben.

Die Erotik ist eine Vorstufe der Lust und will diese herbeiführen.

Es kann die Lust auf Lust überwiegen (gemeiniglich auch „Geilheit" genannt – wenn dieses Wort auch in der heutigen Jugendsprache etwas anders gebraucht wird).

Das Anstreben von Lust + Beziehung im Frühstadium wird als „**Verliebtheit**" bezeichnet. Es entsteht eine Faszination, welche manches am Partner fern von der Realität erscheinen lässt oder gewisse positive Eigenschaften „in ihn hineinsieht" (phantasiert, illusioniert). Das dauert 1 bis 2 Jahre. *Völkl*, ein sehr kluger und witziger Psychiater aus Kiel, hat das drastisch, aber keineswegs realitätsfern, „**hormonelles Irresein**" genannt. Heute wird der Ausdruck „Schmetterlinge im Bauch" gerne gebraucht. – Wichtig ist zu wissen, dass Verliebtheit weder die unbedingte Vorbedingung zu einer guten Paarbeziehung ist, noch deren länger dauerndes Bestehen garantiert (vgl. dazu den Abschnitt über Beziehungspflege, Kap. 7.a.).

Bemerkenswert ist, dass mit den modernen neurophysiologischen Untersuchungsmethoden (bildgebende Verfahren) gezeigt werden kann, dass bei Verliebtheit tatsächlich auch unterschiedliche Gebiete des Gehirns anders durchblutet sind als bei einer nichtverliebten Beziehung.

Aber jetzt kommt wieder die Natur mit ihrem Plan der Arterhaltung und sie hat nach der Verliebtheitsphase die **Beziehungsdimension** eingeführt, denn durch die Verliebtheit allein wird keine Familie entstehen, die dann geeignet ist, eine neue Menschengeneration heranzubilden. Das geht (wie schon eingangs gesagt) keineswegs streng nacheinander vor sich, sondern vermischt sich. Es kommen also die Verliebtheit und die Beziehungsdimension zusammen und so entsteht eine **Familie**. Damit ergibt sich eine neue Verbindung zur **Fortpflanzungsdimension** der Sexualität.

Es sind aber die angeführten (schematischen, betone ich nochmals!) Dimensionen überdies **unterschiedlich, nämlich a) zwischen den Altersstufen und b) zwischen den Geschlechtern.**

In jugendlichem Alter wird häufig die Lustdimension losgelöst von Beziehungs- und Fortpflanzungsdimension gesucht. Dazu hat die Pille stark beigetragen.

Es wird das auch öffentlich propagiert (gilt als „cool"). So hören wir in vielen Talkshows von One-Night-Stands, also von einmaligen sexuellen Kontakten ohne wesentliche sonstige menschliche Beziehungsaufnahme (etwa auch ohne Kenntnis des Namens). Häufig wird in den Medien auch „Sexualität als Leistungssport" dargestellt. Beispiel der Titelschlagzeile eines Wochenmagazins: „Wie gut sind Österreichs Männer im Bett?" Dass gerade durch solche Leistungsanforderungen an die Sexualität Lust und auch Vollzug beträchtlich leiden können, sei am Rande erwähnt. Es kann eine „Prüfungssituation mit entsprechender Prüfungsangst" entstehen und jeder, der schon bei kritischen Prüfungen war, weiß, dass dann fallweise gar nichts mehr geht.

Jene Schere zwischen Lust- und Beziehungsdimension ist aber auch durch unsere heutigen Gesellschaftsnormen mitbedingt, da die **Sozialreife wesentlich später als die Geschlechtsreife** eintritt, es besteht häufig die (keineswegs unvernünftige) Tendenz, eine Familie erst bei gesicherter Existenz (Studium, Beruf, Karriere etc.) aufzubauen. Bei uns ist damit auch die Such- und Probierphase für Partner länger, mit bewusster Vermeidung oder „Aufschiebung" der „dauernden" Beziehung.

Bei den Buschmännern war das viel einfacher. Wenn nämlich der 14-jährige junge Mann geschlechtsreif und zeugungsfähig geworden ist, kann er gleichzeitig mit seinem Pfeil den Affen vom Baum herunterschießen und damit auch schon eine Familie erhalten. Hierbei treten also die Sozial- und die Geschlechtsreife gleichzeitig ein.

6. DIE SEXUALBEZIEHUNG

Aus der Zeitverschiebung zwischen Geschlechts- und Sozialreife können Krisenpunkte für die Beziehung zwischen zwei Liebenden entstehen. Überdies fassen Frauen im Allgemeinen eine Partnerbeziehung anders auf als Männer. „Der Mann" ist häufig mehr an der Lust interessiert (also an etwas Momentanem), die Frau hingegen mehr an Beziehung (also an etwas Bleibendem). Das kann dann zu dem gängigen Missverständnis führen, dass nach der gemeinsamen geschlechtlichen Lust die Frau weiter an einer bleibenden Beziehung bauen will, der Mann aber gerne entschwindet („sich vertschüsst" heißt es in der Jugendsprache heute). Die umgekehrte Form, dass lieber der Mann sich binden möchte und die Frau von ihm Ruhe haben will, gibt es auch, ist aber rein von der Anlage unserer menschlichen Psyche her seltener (zumindest gewesen – derzeit scheint sich eine gewisse Umkehr bei den Geschlechtern abzuzeichnen). Das daraus entstehende Missverständnis und dann Leiden auf einer Seite kommt dadurch zustande, dass keiner der Partner die Angelegenheit so genau sieht, sondern nur gefühlsmäßig mittut und man sich über Dauerhaftigkeit oder Einmaligkeit beim ersten Sexualkontakt kaum den Kopf zerbricht und/oder darüber spricht.

Hier wendet die Natur (die ja auf Arterhaltung abstellt) wieder einen Trick an: Denn zu Zeiten des Eisprungs bei der Frau kann sie einerseits schwanger werden, hat anderseits (hormonell gesteuert) mehr Lust zur Lust, also zum Sex. Es ist daher kein Zufall, dass die erste sexuelle Erfahrung bei der Frau (**Entjungferung**) häufig zu jenem Zeitpunkt stattfindet und es daher auch überproportional häufig gleich zu einer Schwangerschaft kommt (denn im emotionalen Überschwang des ersten Geschlechtsverkehrs werden – auch besonders häufig – Verhütungsmaßnahmen außer Acht gelassen).

„Die Frau" ist, wie schon gesagt, allgemein mehr auf Beziehungsbildung als auf Lust ausgerichtet. Man kann dazu wieder „die Natur" nennen mit ihrer Tendenz zur Arterhaltung. Denn für eine Familienbeziehung, die die reguläre Versorgung von Kindern ermöglicht, ist natürlich die Beziehungsdimension wichtiger als die momentane Lustdimension. So verzichten manche Frauen lieber auf den Orgasmus, als eine gute Beziehung daran scheitern zu lassen.

Ich sage bei Krisenpaaren immer: Ich bin weder ein Scheidungsanwalt noch ein Beschwich-

6. DIE SEXUALBEZIEHUNG

tigungshofrat – was sie letztlich tun, müssen sie selbst entscheiden. Ich kann ihnen nur helfen, ihre momentane Situation etwas klarer von allen Seiten zu sehen. – Nämlich auch von den Seiten der Ökonomie, der Kinder, der Freunde etc. Das sollte dann angesprochen und realistisch durchdiskutiert werden. Denn im emotionalen Strudel der Krise werden diese Aspekte nicht selten von den Beteiligten als gering erachtet oder gar nicht erst erkannt.

Es gibt auch **Sexualität ohne Partnerbeziehung** (Selbstbefriedigung, Swinger-Clubs etc.). Man hat sich weitgehend mit der Selbstbefriedigung der Männer auseinandergesetzt. Diese wurde seinerzeit als krankhaft aufgefasst. Heute weiß man, dass sie ganz normal ist, speziell bei jungen Menschen, wenn der sexuelle Druck sehr groß. In gewissen sexuellen Mangelzeiten (Kriegsgefangenenlager, Gefängnisse etc.) ist Selbstbefriedigung durchaus gang und gäbe und hat auch einen angstlösenden Effekt.

Häufig werden dabei Wunschbilder von Partnern vorgestellt oder aus erotischer Literatur. Auch die Selbstbefriedigung des Partners mitzuerleben, kann ein lustbetontes Erlebnis und eine durchaus der Partnerschaft förderliche Variante im Sexualleben sein.

In der streng katholischen Auffassung ist Selbstbefriedigung eine Sünde. Doch haben fortschrittliche Geistliche jungen katholischen Burschen, die die Selbstbefriedigung beichteten, vielfach in den Mund gelegt: „Das war doch sicherlich im Schlaf. Und wer schläft, sündigt nicht." Sie versuchten so, gewissenhaften und gläubigen Burschen mit ihren oft über Jahre hin quälenden „**Onanieskrupeln**" zu helfen.

Die **Selbstbefriedigung bei Frauen** wird heute mehr in den Blickpunkt gerückt. Dabei spielt wohl auch eine gewisse emanzipatorische Haltung mit: Die Frau ist auch im Sexuellen nicht mehr nur abhängig vom Mann.

Für die Selbstbefriedigung von Mann und Frau gilt die Aussage von *Sigusch*: Auch in gut laufenden Paarbeziehungen kann Selbstbefriedigung als „zweite Möglichkeit der Sexualität" durchaus ohne Gewissensbisse und mit Freude praktiziert werden. Sie kann also auch neben einer intakten Paarbeziehung bestehen, ohne diese zu stören. Ich füge an: Wenn beim Partner der eigentliche Sexualakt nicht mehr möglich ist (Impotenz des Mannes, gynäkologische Ausschlussgründe bei der Frau), kann Selbstbefriedigung durchaus beziehungserhaltend sein.

Zum Abschluss des Kapitels über Geschlechtlichkeit ist es interessant, was einer der führenden deutschsprachigen Soziologen, *Helmut Schelsky*, 1955 gesagt hat:

> Potenzfurcht und Ängstlichkeit wird zur modernen Sozialfurcht. Der „befreiende" Abbau der Schamkonventionen durch sexuelle Offenheit schafft nur die umgekehrte soziale Konvention des Orgasmuszwanges.

1955 wurde also schon ziemlich klar gesehen, was sich heute stark entwickelt hat. Es gehört zum Prestige, möglichst gute „Sexualleistungen" zu erbringen. Boulevardzeitungen berichten über ältere Männer, die in einer neuen Beziehung mit einer jungen Frau wieder ein Kind gezeugt haben, und wir erfahren sogar, wo es gezeugt wurde. Auch die „young lovers" älterer Damen werden stolz der Gesellschaft präsentiert.

6.a. Die homosexuelle Beziehung

Erklärungsversuche für die Homosexualität und die Einstellung dazu haben eine wechselvolle **Geschichte** und der Fragenkomplex wird bis heute sehr kontrovers diskutiert.

Es gab eine lange Periode der **Kriminalisierung und Pathologisierung.**

Die **Strafbarkeit der Homosexualität** wurde in unseren Gesetzen erst in den 70er Jahren des 20. Jahrhunderts abgeschafft. Unter der während der NS-Zeit bestehenden „großdeutschen" Gesetzgebung kamen Homosexuelle in Konzentrationslager. In verschiedenen lateinamerikanischen Ländern bestand bis vor wenigen Jahren Strafbarkeit auf Homosexualität. In sieben Ländern der Welt steht auf Homosexualität noch heute Todesstrafe – so in dem andersits sehr der westlichen Kultur und dem westlichen Handel aufgeschlossenen Saudi-Arabien (wo sie, wie in den anderen sechs Ländern, auf dem islamischen Gesetz der Schari'a beruht, welches aus dem Koran abgeleitet wird). In einer Vielzahl anderer Länder steht noch immer Kerker darauf.

Die „**Krankheit Homosexualität**" versuchte man vielfach (mit teils widerlichen Aversionsmethoden) zu „heilen". Die Streichung der Homosexualität als Krankheit aus dem WHO-Kodex (ICD) erfolgte erst 1971.

Bezeichnet man die ablehnende Einstellung zur Homosexualität als „konservativ", so stand und steht die **katholische Kirche** weitgehend auf dieser konservativen Seite.

Seit den 90er Jahren existiert in Wien der **Verein „Rosa Lila Tip"** mit Beratung, Kommunikation und Bildungsangebot für und über Homosexuelle. Die Förderung der Stadt Wien bestand in der Übergabe eines alten Wiener Hauses (dessen Abriss zuvor von aktivistischen Hausbesetzern verhindert wurde). Dieses Haus heißt jetzt „Rosa Lila Villa". Auch in anderen Städten bestehen entsprechende Einrichtungen. – Für einige interessante Informationen habe ich dem „Rosa Lila Tip" zu danken.

6. DIE SEXUALBEZIEHUNG

Fakten und Erklärungsmodelle zur Homosexualität sind vielfältig. Heute befasst man sich nicht nur mit der männlichen Homosexualität (wie früher hauptsächlich), sondern auch mit dem homosexuellen Verhalten von Frauen. Man spricht von „Schwulen" und „Lesben" (Ersteres hat mit dem deutschen Wortstamm „schwül", also warm, zu tun. Letzteres bezieht sich auf die Insel Lesbos, wo die antike Dichterin Sappho Frauen um sich versammelte, um sie in die schönen Künste einzuweihen).

1. Das führende deutschsprachige Lehrbuch der Sexualmedizin von *Beier/Bosinski/Hartmann/Loewit* nimmt eine **biologische Mitverursachung** im Sinne einer Prädisposition an, aber nicht im Sinne einer alles erklärenden Ursache. Es bestehen dafür aber in allen bisher verfügbaren naturwissenschaftlichen Spezifizierungen keine beweisenden Befunde (hormonell, gehirnphysiologisch, genetisch etc.).

2. Demgegenüber steht die Meinung in der „Schwulenberatung". Es wird eine biologische Prädisposition abgelehnt (wohl da sich daraus wiederum eine eigene Menschenkategorie ergäbe, wodurch neuerlicher Ausgrenzung Vorschub geleistet würde). Sie sprechen von „einer **freien Entscheidung**, wie man sein Leben führen will". Natürlich ist aber die Biographie mit Erziehung, sozialem Umfeld etc. für diese „freie Entscheidung" ebenso mit maßgebend wie die Prädisposition.

Dass es auch im Tierreich homosexuelle Verhaltensweisen gibt, ist ja jedem Hundebeobachter evident. Wie weit das einerseits für die biologische Prädisposition, andererseits für die freie Entscheidung mit zu verwerten ist, konnte ich in den unterschiedlichen Aussagen nicht finden, aber doch wohl eher für die vorhandene Prädisposition verbunden mit Gelegenheit.

3. Als weiteres Erklärungsmodell kann man sich vorstellen, dass jeder von uns **männliche und weibliche Eigenschaften** in sich hat und es von bestimmten zusätzlichen Umständen (biographisch, sozial etc.) abhängt, welche wie stark zum Tragen kommen. Auch für diese Annahme gibt es keine schlüssigen Beweise, es ist nur ein Erklärungsversuch, der aus der Psychotherapie kommt.

Es gibt wesentlich **unterschiedliche Arten** der Homosexualität. Von seltenen homosexuellen Episoden, die außerhalb oder auch während einer heterosexuellen Beziehung laufen können, geht es über regelmäßiges homosexuelles Auch-Verhalten bis zu dessen ausschließlicher Praktizierung. Sichere Zahlen zur Häufigkeit der Homosexualität (sowohl Auch- als auch Nur-Homosexualität) in der Gesamtbevölkerung sind nicht bekannt. Jedenfalls scheinen aber die Bisexuellen (also die Auch-Homosexuellen) wesentlich häufiger zu sein als die ausschließlich Homosexuellen.

Üblicherweise kommen Homosexuelle nicht wegen der Homosexualität zum (Psycho-)Therapeuten, sondern wegen der **daraus resultierenden sozialen (familiären) Schwierigkeiten**. So erfahren wir etwa von Familienvätern, die später ihre sexuelle Neigung entdecken und dadurch in Konflikte mit Frau und Kindern kommen (*Brähler/Berberich*[16]).

In unserer westlichen Welt geht der **Kampf gegen die Ausgrenzung** der Homosexuellen Schritt für Schritt voran. Bei uns ist die „Eintragung" der homosexuellen Partnerschaft im Gespräch, mit allen ihren erbrechtlichen Konsequenzen. Auch in progressiven Kreisen der Kirche ist man dazu übergegangen, zwar weiterhin die „homosexuelle Ehe" abzulehnen, aber homosexuelle Partnerschaften zu „segnen". In einer Reihe von westlichen Ländern ist die **Kinderadoption** bei eingetragenen homosexuellen Paaren bereits gesetzlich möglich (Dänemark, Kanada und viele andere). Bei uns ist sie im Gespräch. Argumente dafür sind:
- Die traditionelle Familie gehört der Vergangenheit an.
- Auch bei Bestehen der traditionellen Familienstruktur sieht es vielfach keineswegs optimal für die Entwicklung der Kinder aus.

Argumente dagegen sind:
- Die Mutter-Vater-Kind-Familie mit gemeinsamer Wohnstätte ist ein über Jahrhunderte bestehendes Muster, das – mit all seinen vielen Ausnahmen und seiner vielfachen Fehlerhaftigkeit – eine psychodynamisch bewährte und psychotherapeutisch wichtig erscheinende Grundkonstellation ergibt. Menschliche Schwierigkeiten eines gleichgeschlechtlichen Führungsduals untereinander und mit den Kindern sind zumindest ebenso möglich wie in der Mutter-Vater-Familie.

---

16 Brähler E., Berberich H. J.: Sexualität und Partnerschaft im Alter. Gießen: Psychosozial-Verlag 2009. Die Autoren sind prominente Sexualtherapeuten, die das Thema von mehreren Seiten beleuchten. Den bisher weitgehend vernachlässigten Fragen der Homosexualität und Alterssexualität wird je ein Kapitel gewidmet.

- Schließlich sind an der Entstehung des Kindes immer noch ein Mann und eine Frau beteiligt und das hat (speziell bei der Mutter) auch deutlich überdauernde und für die Erziehung wesentliche Folgen. Eine absolute Gleichschaltung der Geschlechter in der Familie ist daher rein biologisch nicht möglich – wie weit allerdings die künstlichen Befruchtungen an dieser Urmatrix auch Wesentliches im psychodynamischen Sinn ändern werden, bleibt noch abzuwarten.

Besonders bei gleichgeschlechtlichen **Beziehungen von Frauen** muss zwischen dem andersgeschlechtlich Fühlen und dem gleichgeschlechtlich Begehren unterschieden werden. Denn das ist keineswegs obligat miteinander gekoppelt. Homosexuelle Beziehungen bei Frauen bestehen meistens über mehrere Jahre. Ein eventueller Wechsel zu einer anderen Partnerin kommt unter Umständen dann wieder nach längerer Zeit für längere Zeit. Hingegen sind homosexuelle Beziehungen zwischen Männern viel wechselnder und bunter. Ein besonderes Problem ist es, dass alte lesbische Frauen kaum Chancen haben, Partnerinnen zu finden, wohingegen auch ältere homosexuelle Männer diesbezüglich bessere Möglichkeiten haben.

Aus der Bibliothek der „Rosa Lila Villa" wurde mir ein **Standardbuch für lesbische Frauen** von *Clunis und Green* zur Verfügung gestellt. Ich entnehme daraus:

> Es werden für Frauen untereinander einige **Beziehungsphasen** differenziert.
> - Verliebtheitsphase
> - Konfliktphase (erstauftretende nicht mehr der Idealisierung der Verliebtheit entsprechende Schwierigkeiten)
> - Akzeptanzphase und Bündnisphase: gemeinsames Arrangement mit den Schwierigkeiten und engere Bindung
> - Phase der gemeinsamen Aufgaben (die der neuen Zweierbindung einen übergeordneten Sinn geben)

Man kann darin durchaus wesentliche Gleichklänge mit dem Aufbau einer heterosexuellen Beziehung feststellen. Auch das Pflegen und **Erhalten einer Beziehung** hat eigentlich wenig Differenz zu dem, was wir über das Erhalten einer heterosexuellen Beziehung sagen.

> Als **weitere Problemphasen** werden angeführt:
> - das Alter
> - das Sorgerecht für eventuelle eigene oder adoptierte Kinder (denn dafür gibt es gesetzlich kaum Vorsorgen für homosexuelle Paare)

- das Beziehungsende (wobei es vor allem um eine gute Kommunikationskultur geht)

Konklusion zur homosexuellen Beziehung:
Diese ist also eine „Beziehungsfacette", die einerseits (natürlich) unseren allgemein menschlichen Gesetzmäßigkeiten folgt, anderseits besondere Ausprägungen hat, die sehr unterschiedlich sind. Sie darf daher keineswegs kurzschlüssig und oberflächlich bewertet und in eine generalisierende Schablone gepresst werden.

6.b. Gekaufte Liebe? Gekaufter Sex? Gekaufte Beziehung?

Wenn geschlechtliche Befriedigung mit einer Prostituierten gesucht wird, nimmt man an, dass der Mann sich „Lust ohne Beziehung kaufen" will.

Es ist das aber keineswegs immer so. Wir wissen das aus vielfachen Mitteilungen aus „dem Milieu", zuletzt von *Sonia Rossi*,[17] und diversen Interviews (Zeitungsinterviews und persönliche). Vielen Männern ist das **Gespräch** bei der Begegnung mit der Prostituierten wichtiger als der eigentliche Sexualakt und es gibt etliche, die sogar nur das Gespräch wollen und dafür bezahlen. Das betrifft etwa ein Viertel aller Männerbesuche bei Prostituierten.

Es sind vielfach „einsame" Männer im weiteren Sinne: Männer, die tatsächlich alleine sind, oder solche, die **„zu zweit allein"** sind. – Ich glaube, zu zweit allein kann einsamer sein als allein allein. Häufig war es einmal eine lebendige Beziehung, die aber erkaltet ist und die man aufgrund von diversen äußeren Umständen aufrechterhält. Kinder, ökonomische Überlegungen und Bequemlichkeit sind häufig der Hintergrund. Natürlich ist es bei solchen Männern auch wieder keine echte Beziehungssuche. Sie wollen einerseits „abladen", was sie zum Teil in ihren legitimen Frauenbeziehungen nicht können, und sind anderseits sicher, dass daraus für sie keine Konsequenzen entstehen. Auch die vielfache **Verkümmerung des Gesprächs** gehört bei der „Einsamkeit zu zweit" in

---

17 Rossi S.: Fucking Berlin. Berlin: Ullstein 2008. Die unter einem Pseudonym schreibende Autorin hat sich ihr Mathematik-Studium als Prostituierte finanziert (so wird es zumindest in dem Buch angegeben).

die Reihe der Entstehungsfaktoren. Die anonyme „Kummernummer" ist ein technisches und billigeres Ventil für solche Gesprächssuche.

Eine der Interviewten aus dem Gewerbe sagte: „Nach ein paar Jahren sind wir Mädels alle ausgebildete Psychologinnen. Was wir uns alles anhören müssen, wie viele Ratschläge wir geben! Wenn der Chef sie kleingemacht hat, sie Streit mit Frau oder Freundin oder einfach nur einen schlechten Tag hatten – viele wollen das einfach loswerden."

Manchmal ergibt sich aus dem Prostituiertenkontakt auch so etwas wie eine wirkliche Beziehung, viele der Damen des Gewerbes haben „Stammkunden". Es kann daraus auch eine bleibende Partnerschaft mit oder ohne Ehe werden.

Geht es bei den Männern neben Sex auch um Kontakt, geht es bei den Frauen vor allem um das Geldverdienen (ohne Vorbildung und ohne Steuer). Gewisse sentimentale und romantische Geschichten wollen Beziehung und Gespräch suchende Freier gerne glauben oder sich selber vorillusionieren. In Einzelfällen mögen sie sogar stimmen.

Wenn es sich also „im Milieu" prinzipiell um Sex ohne Beziehung handelt, will das menschliche Naturell doch dabei immer wieder auf die Beziehung zurückgreifen. Ich verfüge durch Zufall über einen recht illustrativen Bericht aus einem fernen Land.

In den ersten Monaten jedes Jahres beginnt für **Rio de Janeiro** eine große Reisezeit. Es ist dann dort „das größte Puff der Welt", meint meine Berichterstatterin. Es kommen einerseits Flugzeuge, gefüllt mit deutschen, österreichischen und Schweizer Männern zum Sexurlaub. Diese sind vielfach brave Familienväter, welche die Fotos von Frau und Kindern in der Brieftasche haben. Anderseits reisen Hunderte junge Frauen aus entlegenen Dörfern, wohlausgerüstet mit Stöckelschuhen, Reizwäsche etc., an. Es beginnt dann fleißige Sexaktivität. In den Männergruppen wird darüber gesprochen, welche der jungen Brasilianerinnen besser oder schlechter – feuchter oder trockener etc. – ist.

Am Ende der Saison kehren die Frauen (teilweise sehr junge Mädchen) dann wieder in ihre entlegenen Heimatdörfer zurück und ernähren mit einem Großteil des im Sexgewerbe verdienten Geldes ihre Familien. Der Familienzusammenhalt und die **Familienbeziehung** sind in Brasilien traditionell sehr stark.

Eine der jungen Frauen schloss sich (weil eine Beziehung entstand, die über die momentane

Lust hinausging) mit einem österreichischen Reisenden für die ganze Urlaubszeit enger zusammen. Es gab auch Heiratspläne, die von beiden Seiten ernst gemeint waren. Sie war sehr fromm, ging jedes Mal in die Kirche, wenn es möglich und geboten war. Auf die Frage, wie denn ihre Religiosität und ihre Prostituiertentätigkeit zusammengingen, sagte sie, dass sie den Segen des Pfarrers habe: Es ist **keine Sünde**, weil sie damit ihre Familie erhält, sagt der Pfarrer.

Wir haben schon vordem gezeigt, wie fortschrittliche Geistliche jungen Leuten durch das Wort „Wer schläft, sündigt nicht" bei Onanieskrupeln helfen, die große Kluft zwischen Realität und Religiosität unbeschadet zu überwinden. So gibt es in Brasilien offensichtlich auch fortschrittliche Geistliche, die den Prostituierten sinnvoll aus ihrem Gewissensdilemma helfen.

Damit kommen wir auch in die Nähe der Auffassung in antiken und altjapanischen Traditionen, die nämlich **dreierlei Arten der Geschlechtsbeziehung** zwischen Mann und Frau kannten:
- Die Frau als wertvoller Besitz und Garant für die Fortpflanzung.
- Die Hetären (japanisch Geishas) für auch intellektuelle Geselligkeit und hochwertige Unterhaltung. Zwanglos kann man hier die „Mätressen" französischer Könige dazurechnen, die sehr viel Macht haben konnten und diese teilweise auch zum Guten ausübten.
- Die „Sklavinnen für die Lust".

Eigentlich hat der Priester die besagte Prostituierte in den höheren Stand der wertvollen Hetäre erhoben, weil sie Gutes tat.

Das soll keineswegs als eine Verharmlosung oder Romantisierung des **Sextourismus** in den Dritte-Welt-Ländern missverstanden werden. Er ist durch die haushohen Sozialunterschiede zwischen Industrienationen und Dritte-Welt-Ländern mitbedingt. Eine besonders verwerfliche Ausprägung des Sextourismus ist die Kinderprostitution, die leider von manchen Pädophilen speziell dort gesucht wird, da in einigen asiatischen Ländern der geschlechtliche Verkehr mit Kindern nicht unter Strafe gestellt ist.[18]

Auch sonst geht es in der Prostitution nicht selten mit Nötigung und Sozialabstieg der Frauen sowie Übervorteilung bis Diebstahl bei den Männern einher. Es sollte nur gezeigt werden, dass man dabei nicht alles

---

18 Entnommen einer Broschüre der Vereinigung Österreichischer Kriminalisten: „Tatort Kinderzimmer", in welcher der Missbrauch von Kindern (auch in unseren Breiten) näher durchleuchtet wird.

über einen Kamm scheren kann und sich insbesondere die menschliche Beziehungssuche selbst dabei fallweise ihren Weg bahnt.

In unseren Breiten gibt es **verschiedene Formen** der gekauften (Pseudo-)Beziehung (ich sage absichtlich nicht Prostitution, weil das Folgende über den engen Begriff der Prostitution hinausgeht).

Das Einfachste und Billigste ist der **Straßenstrich**. *Girtler* hat darüber ein recht aufschlussreiches Buch geschrieben.[19] Die Grunderhebungen für sein – nunmehr schon klassisch zu nennendes – Buch liegen deutlich weiter zurück, als es dem Erscheinungsjahr der 5. Auflage entspricht. Es geht dort um junge Frauen aus der österreichischen Provinz, die zur Arbeit nach Wien kamen und dann etwa als Kellnerin herausfanden – und/oder dazu von einem präsumtiven Zuhälter überredet wurden –, dass man auf dem Strich wesentlich besser verdienen kann. **Zuhälter** sind eine Schutzinstitution, da es manchmal rau auf dem Strich zugeht. Fallweise sind sie auch „Liebhaber" der Prostituierten, unter Umständen mehrerer.

Die Grundprinzipien sind die gleichen geblieben, aber heute sind es überwiegend Frauen **aus Osteuropa**, die den Wiener Strich bevölkern. Eine Besonderheit weist der tschechisch-österreichische „Grenzstrich" auf, mit welchem Titel auch eine Untersuchung publiziert wurde (*König-Hollerwöger*). Es kommen dort nicht nur Tschechinnen hin, sondern auch Österreicherinnen aus den ärmeren Gebieten, die dort ihrem Gewerbe nachgehen können, ohne dass die Familie und der Heimatort etwas weiß.

Das **Wissenlassen oder Nichtwissenlassen der Familie** wird auch in den anderen Gruppen der bezahlten Sex-Arbeiterinnen unterschiedlich gehandhabt. Vielfach sollen die Familie und vor allem (wenn vorhanden) die Kinder nichts davon wissen.

Die nächsthöhere Klasse sind **Animierlokale**. Dort sind junge Frauen unter dem Titel „Gesellschaftsdamen" oder „Serviererinnen" angestellt, ohne den eigentlichen Prostituiertenstatus zu haben. Sie trinken und

---

19 Girtler R.: Der Strich. Soziologie eines Milieus. Wien: LIT Verlag, 5. Auflage 2004. Der Autor ist Soziologieprofessor an der Universität Wien und hat sich mit der Soziologie verschiedener Randgruppen unserer Gesellschaft besonders befasst. Er hat es dabei ein Leben lang so gehalten, möglichst selbst in das Milieu „einzutauchen". Er hat mit Obdachlosen gelebt und auch persönliche Einblicke in das Strichmilieu bekommen, ohne dabei aber – wie er betont – „Konsument" zu sein.

plaudern mit dem Gast, und wenn es beiden so recht ist, gehen sie dann in eines der lokaleigenen Separees. Die Dame wird zusätzlich zum Liebeslohn auch am Getränkeerlös beteiligt und es ist natürlich in ihrem Sinne, dass möglichst viel und möglichst teuer konsumiert wird. So besteht also der fließende Übergang vom Nachtlokal zum Bordell.

Wieder eine andere Klasse stellen **Escortservices und Callgirls** dar. Männer, die eine repräsentative Begleiterin haben wollen, um sich mit dieser in der Öffentlichkeit zu zeigen und bewundern zu lassen, können eine solche Dame bestellen. Ob, wann und wie dann ein sexueller Kontakt zustande kommt, bleibt der freien Vereinbarung vorbehalten und ist nicht im Preis des Escortservices inbegriffen.

Die **Striptease-Lokale** und die in letzter Zeit verstärkt hinzugekommenen **Rotlicht-Saunas** nehmen verschiedene Mittelstellungen ein. Die menschlichen Grundregeln bleiben im Wesentlichen die gleichen.

Auf dem gleichen Weg werden **Männer als Begleiter** für Frauen vermittelt. Bezahlte Männer für Sex kann man auch über Anzeigen oder die moderne Kontaktmaschine des Internets finden (Kap. 7.c.). Daneben gibt es auch einen homosexuellen Strich.

Einige weitere Einzelheiten aus Interviews mit Damen des Gewerbes sind:
- Es kommen etwa zur Hälfte frustrierte Ehemänner, auch solche, die sexuelle Spezialwünsche haben, bei denen ihre Frauen nicht mitmachen, z. B. Sex zu mehreren, wo die Lust des Selbertuns und Zuschauens zusammenkommt.
- Es wird auch das gesucht, was allgemein als „Perversion" bezeichnet wird: die Sado-Maso-Sexualität (mit Schmerzzufügung und/oder Schmerzerleiden); die ungustiösen Praktiken, bei denen Stuhl und Harn ins Spiel kommen. Es gibt Männer, denen es Genuss macht, die Frauenkleider der bezahlten Dame anzuziehen. Natürlich machen dabei keineswegs alle Frauen des Gewerbes mit. Es geht über vorherige Terminvereinbarung.
- Es kommen junge, „erstaunlich gut aussehende" Männer, wo man sich fragt, wieso die das notwendig haben. Sie ziehen die Bequemlichkeit des sicheren Sexualkontakts der Ungewissheit vor, in den üblichen Discos „auf Jagd" zu gehen, denn das kostet eine Menge Zeit und auch nicht wenig Geld für Drinks etc.
- Geschäftsleute kommen, weil sie gerade allein und ohne Anhang in der sinnlosen Einsamkeit der fremden Stadt sind, oder sie werden von anderen Geschäftsleuten zu einem Lust-Abend eingeladen. Auch eine verlängerte Mittagspause mit Sex ist bei manchen Geschäftsleuten beliebt, weil man dann abends der brave Familienvater sein kann und sich kein Alibi konstruieren muss. Dazu sind auch manche einschlägigen Lokale 24 Stunden offen. Dabei geht es vor allem um den raschen

Sex. Gespräche, Zärtlichkeiten oder gar Beziehungsaufbau sind kaum gefragt. Ehefrauen tolerieren viel eher einen Bordellbesuch als eine ständige Zweitgeliebte.
- Ein 89-Jähriger kommt zweimal monatlich mit dem Zug angefahren, ist dann für seine Stammfrau angesagt. Er schaut ihr zuerst bei der Selbstbefriedigung zu, dann kommt es zum regulären Geschlechtsverkehr. – Das ist ein etwas außergewöhnliches (Ausnahme-)Beispiel für das über Alterssexualität Gesagte (Kap. 6.d).
- Viele der Frauen leben daneben ein quasi-bürgerliches Leben mit Kind(ern) und Partner. Ihre Familien laufen manchmal besser als die typischen „bürgerlichen" Familien. Sie versuchen die Kinder in gute Schulen zu schicken. Für sie selbst ist der Sexberuf eine Art der Dienstleistung, die ihnen relativ gutes Einkommen verschafft, völlig abgetrennt vom familiären und sozialen Leben, und (wie schon gesagt) teilweise auch vor den Kindern verheimlicht. Manche grenzen beim sexuellen Berufskontakt Lust von persönlicher Beziehung völlig ab. Andere finden es angenehm, wenn im „Beruf" fallweise ein sympathischer Mann daherkommt, mit dem man schmusen, küssen und auch einen Orgasmus haben kann.

Ich meine, dass nicht nur das Geld eine Rolle spielt, sondern es auch eine gewisse Berufsfreude ist, dass der Mann dabei immer der Empfangende, sie die Gebende ist und letztlich bestimmt, was geschehen darf und was nicht.

Es erschien mir wichtig, über dieses Kapitel ein paar mehr Worte zu sagen und es damit aus der üblichen Schwarzweiß-Malerei herauszubringen, einerseits mit dem Begriff der „Hure" als verächtliches Schimpfwort und anderseits der romantisierten Vorstellung des bedauernswerten Opfers unseres Sozialsystems.

Auch für das nächste Kapitel, die „Sexualaufklärung", scheint es wesentlich, ein realitätsnahes Bild zu vermitteln.

6.c. Sexualaufklärung[20]

In unserem scheinbar so liberalen und aufgeklärten Zeitalter ist diesbezüglich ein großes Manko gegeben.

---

20 Weidinger, Kostenwein und Dörfler haben darüber 2004 ein gründliches und instruktives Buch verfasst, aus dem einiges in meinem Kapitel verwertet wird. Das Autorenteam besteht aus einer Gynäkologin der Wiener Universitäts-Frauenklinik, einem Psychologen und einer Sozialarbeiterin, die im Österreichischen Institut für Sozialpädagogik arbeiten (Tel./Fax: +43-1-328 66 30; www.sexualpaedagogik.at). Es können dort auch ähnliche Beratungsstellen in Deutschland und der Schweiz erfragt werden.

6.C. SEXUALAUFKLÄRUNG

- Der junge Mensch bezieht seine Sexualaufklärung aus folgenden Quellen:
  a. Eltern (Mutter wesentlich mehr als Vater, auch bei Buben)
  b. Schule
  c. Zeitschriften und öffentliche Medien
  d. Freunde
  e. Beratungsinstitutionen (Ärzte, Psychologen etc.) nur zu einem geringen Teil, was auch damit zusammenhängt, dass diese bei uns noch kaum üblich sind. In den USA scheint es stärker im Vordergrund zu stehen.
  f. Eigene Erfahrung
- Kritisch wird es, wenn sich eine der Institutionen auf die anderen verlässt, speziell die Eltern ganz auf die Schule.
- Weitgehend wird die Information durch die Quellen verzerrt (Pornographie, Religion, Freunde).
- Bei der Aufklärung ist es wichtig, die **gemeinsame Sprache** und Unmittelbarkeit zu pflegen. Es gilt im Gespräch die nötige **Balance** herzustellen zwischen einerseits klarer Besprechung der Lustdimension, anderseits das Wesentliche der Beziehungsdimension nicht zu unterschlagen. Auch wichtige anatomische Prinzipien sind zu besprechen, denn sie sind gar nicht selbstverständlich.
- „Warum muss die Frau beim Urinieren den Tampon nicht herausnehmen?" Die triviale Gesprächsweise der Jugendlichen muss verstanden und akzeptiert werden. Das heißt aber nicht, dass die Beratersprache unbedingt auf das triviale Niveau herabsteigen muss: „Wie lang muss der Penis sein, um eine Frau zu befriedigen?" … „Kann man eine Frau zu Tode ficken?" … „Wie funktioniert das Blasen?" – Man wird natürlich nicht nur mit Ja oder Nein antworten, sondern auch hinterfragen, wie es zu den Fragen kommt. Etwa: Wie kommt es zu der aggressiven Einstellung, die fragen lässt, ob man eine Frau zu Tode ficken kann? (Siehe auch die Schwierigkeiten in unserer Sprache, die eben doch auch eine gewisse aggressive Note in die Sexualität bringen, wie zu Beginn des Kapitel 6 besprochen). Auch wird man ins Gespräch bringen, dass bei der sexuellen Lust immer die Beziehung mitspielt und man diese berücksichtigen und eventuell auch pflegen sollte.
- Es darf **nicht bloß ein einziges Mal zeremoniell** aufgeklärt werden, sondern in jeder Altersstufe soll das klare Gespräch über die Sexualität altersgemäß mehrfach eingebracht werden. Das beginnt beim Storch und wie Kinder in den Mutterbauch hineinkommen, geht über die

Verhütungsmaßnahmen (z. B. man kann auch schwanger werden, wenn man nicht in die Vagina eindringt, denn das sogenannte „Petting", also Schmusen bis zum Samenerguss, kann den Samen auch über benachbarte Körperteile und die Finger in die Scheide einbringen) bis zur Erklärung von **Perversionen, Prostitution und Geschlechtskrankheiten** (früher ging es vor allem um Syphilis und Tripper, heute ist natürlich Aids ein großes Thema). Sexualpädagogen betonen, dass man im Allgemeinen den Kindern und Jugendlichen viel zu wenig zumuten zu dürfen glaubt. Meist wissen sie schon viel mehr, als dem Aufklärenden bewusst ist, da es ja eben viele Quellen gibt.

- Anderseits ist es aber falsch, ein komplexes Aufklärungswissen vorauszusetzen, da die Aufklärungen durch die verschiedenen Aufklärungsinstitutionen vielfach Halbwahrheiten und/oder Falsches beinhalten. „Das wirst du ja schon gelernt haben, aber du kannst mich über alles, was du noch wissen willst, fragen!" ist eine sogenannte Killerfrage, denn darauf kommt in der Regel nichts mehr. Das gilt für **Jugendliche und Erwachsene** gleichermaßen. Die Aufklärung darf **keine fragende, sondern eine nachgehende** sein und muss alles immer wieder vollständig anbieten. Es ist gar kein Malheur, wenn der junge Mensch dann sagt: „Ja, das weiß ich schon." Trotzdem soll man auf der klaren Linie weitergehen.
- Wichtig ist auch eine aktive Aufklärung bei der **Alterssexualität** (über die verschiedenen wesentlichen Fragen, die folgend noch behandelt werden). Es ist typisch, dass der alte Mensch darüber schlecht informiert ist, weil mit ihm noch weniger darüber geredet wird als mit dem Jugendlichen und er oder sie kaum spontan die Sprache darauf bringt.

6.d. Die Alterssexualität

Wenn vordem von der unterschiedlichen Bewertung der Sexualdimensionen bei den verschiedenen Geschlechtern die Rede war, so soll jetzt die wesentliche **Veränderung mit dem Älterwerden** besprochen werden.

6.D. DIE ALTERSSEXUALITÄT

Abb. 5: Dem Tabu für Bildung neuer menschlicher Beziehungen im Alter unterwerfen sich alte Menschen weitgehend selbst. Aber es gilt auch für die jüngere Generation. Bei dieser kommt die Angst vor Erbverlust dazu. (Mit freundlicher Genehmigung der Künstlerin Franziska Becker.)

Die Alterssexualität hat erst in den letzten Jahrzehnten, ja Jahren, vermehrte wissenschaftliche Beachtung erfahren. Das aus 3 Gründen:
1. Wegen der Verschiebung im Rahmen unserer Bevölkerungs- und Altersstruktur; wir werden allgemein immer älter und haben ein längeres gesundes Leben (sind allerdings dann wiederum länger krank).
2. Die Alterssexualität stand unter einem Tabu und tut es teilweise noch immer. Es zeigt sich sowohl bei den alten Menschen selbst als auch bei der jüngeren Generation vielfach die Ansicht: Sexualität wird im Alter unwesentlich. Wo sie aber besteht, birgt sie das Odium der Unanständigkeit und Lächerlichkeit in sich.
3. Auch aus rein materialistischen Gründen ist die junge Generation häufig gegen eine neue Partnerschaft alter Menschen, denn es wird dabei (natürlich) auch das Erbe gefährdet, welches viele junge Menschen schon als ihren absoluten Besitz und ihr Recht ansehen (**Abb. 5**).

Vielleicht ist jenes **Tabu**, unter dem die Alterssexualität steht, auch ein Relikt der naturgegebenen „Inzestschranke", da ja unwillkürlich in alte Menschen die eigenen Eltern hineinprojiziert werden, und die kann man sich (zumindest in unserem Kulturkreis) kaum beim Geschlechtsverkehr vorstellen. – Jedenfalls gilt es aber in der Psychotherapie, jenes Tabu so weit wie möglich zu konterkarieren.

In unserem „Älterwerden" als Gesamtbevölkerung ist auch enthalten, dass neben den 3 Generationen (den jugendlichen Lernenden, den erwachsenen Berufstätigen und den Alten, sich nur Ausrastenden und aufs Sterben Wartenden) sich eine sehr große und starke **4. Generation** dazwischengeschoben hat, nämlich die Generation der aktiven Alten, die also nicht mehr im Berufsleben stehen, aber noch voll am Leben teilnehmen. Und dazu gehört auch das Teilnehmen am sexuellen Leben.

Sexualität im Alter und intakte Paarbeziehung bringen nicht nur erhöhte Lebensqualität, sondern sie können auch **direkt lebensverlängernd** wirken:

Patienten nach Herzinfarkt, die eine partnerschaftliche Unterstützung und Betreuung hatten, überlebten doppelt so lang wie einsame. Und wo in Altersheimen (entgegen der noch immer mancherorts existierenden rigiden, kasernenmäßigen Regelung der Geschlechtertrennung) die Möglichkeit gegeben wurde, dass ältere Menschen zusammenziehen, sank der Psychopharmaka-Verbrauch um ein Drittel und die Lebenserwartung stieg beträchtlich an (*Böhmer, Berberich und Mitarbeiter, Kemper*).

Ab dem höheren Lebensalter (genauer gesagt mit der **Menopause des weiblichen Partners**) fällt der Fortpflanzungsaspekt weg. Der genitale Geschlechtsvollzug kann fortbestehen, wird aber physiologisch seltener, bis dann mit Ende der **Erektionsfähigkeit des Mannes** eine weitere wesentliche Zäsur eintritt.

Hat es die Frau im Alter mit ihrer Sexualität also leichter als der Mann? Ja und nein.

Einerseits ist sie nicht von einer eigenen Erektion abhängig. Anderseits ist es in unserem Kulturkreis wesentlich schwieriger, dass alte Frauen neue Partner finden als alte Männer. Die alte Frau ist vor allem dann stärker sozial isoliert, wenn sie nicht berufstätig war und überwiegend „im Schlepptau des Mannes" gesegelt ist.

Mir sagte einmal eine 75-jährige sehr kultivierte und gepflegte alte Dame: „Eigentlich war die Witwenverbrennung bei den Indern eine durchaus soziale Maßnahme." Sie war durch die hohe soziale Stellung ihres Gatten sehr im Mittelpunkt des Gesellschaftslebens gestanden, mit viel Beachtung und Liebenswürdigkeiten (bis zu Schmeicheleien). Nachdem sie verwitwet war, kümmerte sich kaum noch jemand um sie. Sie vereinsamte und wurde depressiv. – Das soll keineswegs heißen, dass wir der sozialen Wertigkeit der Witwenverbrennung zustimmen. Vielmehr sollte an diesem drastischen Beispiel gezeigt werden, wo es alte Frauen schwerer als Männer haben mit ihrer Sexualität, die (wie ich noch zeigen werde) im Alter weniger mit dem eigentlichen Vollzug als mit der menschlichen Beziehung zusammenhängt.

Organisch kommt es bei der **Frau im höheren Lebensalter** häufig zu Trockenwerden der Scheide, teilweise auch mit Jucken und Berührungsempfindlichkeit. Das kann natürlich zu einem Ablehnen des geschlechtlichen Zusammenseins bei der Frau führen, muss aber keineswegs nur psychotherapeutisch behandelt werden. Hier zählt die Zusammenarbeit mit dem Gynäkologen (Gleitcreme kann eine einfache Lösung sein; auch gezielte Hormonbehandlung kann ärztlich indiziert sein).

Während die Frau also (mit den gezeigten altersbedingten Einschränkungen) eigentlich bis ins hohe Alter immer in der Lage ist, den Geschlechtsverkehr zu vollziehen, so schiebt die Natur dem Mann diesbezüglich eine unüberwindbare Barriere vor. Es gehört zur normalen Entwicklung im Alter, dass die Gliedversteifung (**Erektionsfähigkeit**) kontinuierlich abnimmt. Die Stufen dieser Entwicklung sind: weniger steif werden, rasch wieder erschlaffen, länger brauchen bis zur Erektion, geringere Wiederholbarkeit, fehlender Samenerguss, bis dann in vielen Fällen der direkte Geschlechtsverkehr unmöglich wird. Die Wissenschaft nennt diesen Komplex „erektile Dysfunktion" (zu Deutsch: Fehlen der Gliedversteifung).

Man rechnet in der Altersgruppe der 50–60-jährigen Männer mit einem Drittel genitaler Impotenz, im Bereich der 70–80-jährigen mit über zwei Dritteln. Ausnahmen bestätigen die Regel (nachgewiesene Zeugungen durch über 90-Jährige [*Ponholzer*]). Auch der 89-jährige Mann, der regelmäßig zu seiner Stammfrau ins Bordell kommt und regulären Geschlechtsverkehr mit ihr hat (Kap. 6.b.), darf als bemerkenswerte Ausnahme gelten.

Der folgende Witz zeichnet drastisch, aber durchaus realitätsnah, den stufenweisen Rückgang der koitalen Aktivität beim Manne: Was sind die beiden traurigsten Tage des Mannes? – Wenn er zum ersten Mal merkt, dass es beim zweiten Mal nicht mehr geht, und wenn er zum zweiten Mal merkt, dass es beim ersten Mal nicht mehr geht.

Im Allgemeinen ist das für den Mann bedrückend. Denn vielfach knüpft sich die Identität der Männlichkeit weitgehend daran, wie weit man geschlechtlich potent ist.

Das ist in primitiven Kulturen besonders stark ausgeprägt. *Rosenmayr* hat berichtet, wie bei den Buschmännern, wenn der Mann „nicht mehr kann", eine Trennung der Ehe vom Stammesältesten durchgeführt wird und der Mann mit Wegfall der sexuellen Potenz sehr weit in der Achtung fällt. Er kann auch nicht mehr Dorfältester mit dessen vielfachen Entscheidungsbefugnissen sein.

Es ist also nicht neu in der Kulturgeschichte, dass die erektile Impotenz (also Unfähigkeit, den Sexualverkehr zu vollziehen, durch Fehlen der Gliedversteifung) für den Mann eine belastende Situation ist. Aber die Sexualität an sich, also **das erotische Gefühl, schwindet keineswegs mit dem Schwinden der Erektion.** Der Psychotherapeut muss zwar der Betrübnis des Mannes über seine schwindende Potenz durchaus empathisch und verstehend gegenüberstehen (also es nicht bagatellisieren), aber er muss vermitteln, dass damit keineswegs „Ende mit Sex und Liebe" sein muss.

Einerseits gewinnt im Alter die **Beziehungsdimension mehr an Gewicht** vor der isolierten Lustdimension (im Gegensatz zum jüngeren Alter, wo durch den hormonellen Überschuss oft primär die Lust gesucht und Beziehung sogar bewusst [auch sozial bedingt – vgl. Kap. 6] vermieden wird). Das Gefühl von Geborgenheit, Zugehörigkeit, Verständnis und Loyalität ist sehr wesentlich.

Anderseits kann der **Lustdimension auch ohne koitalen Vollzug** einiges an Erfüllung gewährt sein: so gemeinsame Benützung der mechanischen Hilfe des Vibrators, die Schaulust, die Spürlust, die Riechlust über Körper, Hand und Mund.

Dazu gibt es allerdings die **Negativvariante**, bei Wegfall entsprechender Hemmungen und Hinaustragen der erotischen Bedürfnisse in die Öffentlichkeit (speziell bei beginnendem mentalen Abbau). Es kann dann zum sozialschädigenden „Grabschen" und „Spannen" kommen.

Es ist heute Allgemeinwissen, dass der Sexualität auch **medikamentös** nachgeholfen werden kann. Viagra und entsprechende Folgepräparate haben diesbezüglich Wege geöffnet, müssen aber keineswegs immer und überall funktionieren. Überdies ist die Ejakulation (Samenausstoß) auch bei einer künstlich hergestellten Gliedversteifung nicht immer gewährleistet und der Samenausstoß macht die Hauptlustbefriedigung beim Mann.

> Das Wesentlichste in der Alterssexualität ist aber zu wissen, dass diese **nicht aufhört, weil es keine Erektion mehr gibt.**

6.D. DIE ALTERSSEXUALITÄT

Wir Psychotherapeuten müssen daher, wenn wir helfen wollen, die Angst vor jenem Tabu der Alterssexualität mindern, und zwar bei den alten Menschen selbst, aber auch bei der jungen Generation. Die alten Menschen müssen ermutigt werden, auch untereinander über sexuelle Lustmöglichkeiten zu sprechen, umso mehr, wenn diese dann in eine gute Beziehung eingepackt sind und sich dadurch vielleicht sogar neue gefühlsmäßige Annäherungspunkte ergeben. Dazu gehört aber die Beachtung vieler Alltagskleinigkeiten. Immer wieder habe ich in der Psychotherapie von Frauen gehört, dass sich ihre Männer nicht mehr pflegen, schlecht riechen etc.; umgekehrt beklagen sich Männer über das „Herumlaufen der Frauen mit Lockenwicklern und Schlafrock".

Was nachfolgend zur „Pflege der Paarbeziehung" gesagt wird, gilt also für die Alterssexualität im besonderen Maße: ständiger **Respekt und ständige Aufmerksamkeit.**

7. Die Paarbeziehung

Unsere westliche Kultur und Zivilisation nahm lange als gegeben an, dass die Familie aus einem Mann, einer Frau und den dazugehörigen Kindern bestehen soll. Auch unser gesamtes psychotherapeutisches Gebäude, von *Freud* bis jetzt, bezieht sich weitgehend auf das Elternpaar und ihre Kinder (eine „bürgerliche Gesellschaft"). Erst in den letzten Jahrzehnten hat sich dieses Bild geändert.

Große **andere Kulturen** haben auch andere Leitbilder: Die islamische Kultur kennt die Mehr-Frauen-Familie. Gewisse Stämme im Himalaja haben angeblich die Mehr-Männer-Familie (jede Frau heiratet gleichzeitig die Brüder ihres Mannes mit, da eine große dauernde Gefahr für die Männer besteht und sie dann mit ihren Kindern beim Tod des ersten Mannes nicht ohne Familienernährer und -beschützer dasteht).

Wir erfahren allerdings, dass in den traditionellen Mehr-Frauen-Familien keineswegs eine ständige Viel-Frauen-Beziehung auch im Geschlechtlichen gepflegt wird, schon gar nicht ein Sexual-Durcheinander! Dazu gehört, dass alle Frauen vom Mann gleich behandelt werden müssen, gleich große Zelte bekommen und gleich viele Geschenke. Es herrschen strenge Regeln, die einteilen, wann und wie oft der Mann jeweils mit einer der Frauen geschlechtlich zusammenzusein hat (*Rosenmayr* hat das von afrikanischen Buschmännern beschrieben, *Alafenisch* von den Beduinen).

Doch wollen wir uns hier mit der für unseren Kulturkreis geltenden Paarbeziehung auseinandersetzen. Diese hat natürlich auch wesentlich mit der Sexualität zu tun, ist aber keineswegs mit dieser gleichzusetzen. Denn dass **Beziehung und Sexualität vielfach auseinanderdriften**, wissen wir schon aus der Regenbogenpresse. Überdies wird die Familiennorm „2 Eltern + dazugehörige Kinder" heute immer mehr aufgelockert und verändert. Man spricht hierbei von einer **Patchwork-Familie** (Patchwork ist auf Österreichisch der Fleckerlteppich. Man könnte es auch Durcheinander-Familie nennen). Durch das Auflockern der Paar- und der Familienbindung (zusammen mit der höheren Scheidungsrate [60 %!] und auch Paarbildung ohne Heirat) kommt es vermehrt zu Familienverbänden, in denen Kinder von mehreren Eltern mit verschiedenen Stiefeltern und verschiedenen Stiefgeschwistern zusammenleben, entweder nacheinander oder gleichzeitig. Man muss als Psychotherapeut diese neue Entwicklung sehen und damit umzugehen versuchen. Die Familientherapeuten *Ochs und Orban* haben sich in einem neuen Buch ausführlicher damit befasst.

7. DIE PAARBEZIEHUNG

> Wahrscheinlich gilt es vor allem die menschliche Beziehung mit **Toleranz und Verlässlichkeit** als das Hauptideal aufrecht zu erhalten.
> Denn: Je jünger die Kinder sind, umso mehr brauchen sie einen gesicherten Rückhalt in der Familie, in dem sie sich geborgen fühlen und sich entwickeln können. Das wird wohl immer so bleiben. Dabei ist die genetische Verwandtschaft weniger wichtig als die soziale und emotionale Eingebundenheit (Kap. 4.b.).

Das „**Fremdgehen**" gehört als Nebenphänomen der Paarbeziehung hier auch besprochen. Darüber gibt es übrigens auch einen einprägsamen Witz: „Was machen die Männer nach dem Liebesakt? 20 % rauchen eine Zigarette, 30 % schlafen ein und die Hälfte zieht sich an und geht nach Hause."

Revenstorf[21] weist darauf hin, dass Fremdgehen, also die Intimbeziehung mit jemand anderem als dem Partner, bei Frauen etwa ebenso häufig vorkommt wie bei Männern. Daraus entstehen – so meint er – in der „etablierten Ehe" 10–30 % **Kuckuckskinder**, also Kinder, die von einem anderen Mann sind und in der Familie aufwachsen.

Gleichermaßen *Schwiderski*[22], der 54 % Fremdgeher unter den Männern und 45 % unter den Frauen angibt. Er schätzt, dass jedes sechste Kind (also etwa 15 %) das Produkt eines Seitensprungs ist.

Diamond[23] berichtet, wie schon vor etwa 70 Jahren bei einer aus wissenschaftlichen Gründen durchgeführten Blutuntersuchung an 1000 Familien sich zum großen „Entsetzen" als Nebenprodukt herausstellte, dass 10 % der untersuchten Kinder nicht von ihrem legitimen Vater sein konnten, also Kuckuckskinder waren.

---

21 Revenstorf D.: Die geheimen Mechanismen der Liebe. Sieben Regeln für eine glückliche Beziehung. Stuttgart: Klett-Cotta 2008. Der Autor ist einer der bekannten Psychotherapeuten Deutschlands. Seine „Hypnose in Psychotherapie, Psychosomatik und Medizin" (Heidelberg: Springer Verlag, 2. Auflage 2009) hat fast 1000 Seiten und ist ein Standardwerk im deutschen Sprachraum.

22 Schwiderski F.: Beziehungsweise glücklich. Profi-Tipps von Paartherapeuten. München–Basel: Ernst Reinhardt Verlag 2007. Der Autor ist einer der bekannten „Paartherapeuten" im deutschen Sprachraum. Allerdings werden von ihm die genauen Quellen für die Angabe zu den Fremdgehern und Kuckuckskindern nicht genannt. Es sind offensichtlich (wie auch bei *Revenstorf*) Schätzungen aus der Praxis.

23 Diamond J.: Der dritte Schimpanse. Evolution und Zukunft des Menschen. Frankfurt/M.: Fischer Verlag, 3. Auflage 2007. Der Autor ist Professor für Physiologie und Evolutionsbiologie.

Dass es beim Fremdgehen zwischen Männern und Frauen keinen wesentlichen Geschlechtsunterschied gibt, scheint ziemlich klar zu sein, und auch, dass es Kuckuckskinder gibt – und zwar mehr, als davon bekannt wird. Allerdings zeigt die heutige Regenbogenpresse mit den vielfältigen Amouren der Prominenten, dass man – im Gegensatz zur früheren weitgehenden Geheimhaltung – derlei heute zum Renommee rechnet.

Hier stellt sich natürlich die Frage: Sollen die „Kuckuckskinder" es schlussendlich erfahren? Wachsen sie nicht vielleicht in einer guten Familienbeziehung, ohne die genetischen Verhältnisse näher aufzuklären, wesentlich besser auf? Es wurde schon vordem bei den Adoptiv- und Pflegekindern gezeigt, dass in der Regel die **gelebte Familienbeziehung wesentlicher ist als die genetische** (vgl. auch die Erfahrungen mit den „versteckten" jüdischen Kindern, Kap. 4.b.). So gibt es auch für das heikle Thema „Mitteilen oder nicht?" keine generelle Richtlinie. Es muss jeweils sehr sorgfältig individuell überlegt und entschieden werden. Dies betrifft – falls beigezogen – auch den Psychotherapeuten. Es geht einerseits um die emotionale Auswirkung auf die Kinder, andererseits um die Auswirkung auf die Partner.

Wesentlich, nicht zu vergessen, kommen materielle Erwägungen dazu. Denn erbberechtigt sind solche Kinder, wenn sie ihre genetische Herkunft nachweisen können, gesetzlich, wenn sie auch vorher ihren genetischen Vater nie kennengelernt haben. Es sollten aber diese rechtlichen und materiellen Erwägungen (meine zumindest ich als Psychotherapeut) als sekundär hinter den psychodynamischen zurücktreten.

Über **„die Einstellung zur Untreue"** sagt die Statistik, dass nur 29 % der Männer sie verzeihen würden, gegenüber 44 % der Frauen. Natürlich muss das auch wiederum sehr differenziert und individuell betrachtet werden. Ein „Ausrutscher" (sei es Mann oder Frau) muss keineswegs in allen Fällen zum Ende der Paarbeziehung führen. Ob man darüber spricht oder ihn generös übersieht (mit oder ohne Mitwirkung des Psychotherapeuten), dafür gibt es keine Regel. Einerseits können „Beichte, Reue und Verzeihung" mit einem entsprechenden Ritual zu einer sich neu aufbauenden Vertrauensbeziehung führen, andererseits können aber daraus geist- und beziehungstötende Redemarathons und immer wieder auftauchende Vorwürfe werden. Es ist also eine heikle Sache.

7. DIE PAARBEZIEHUNG

So ein „Fremdgehen" folgt auch gewissen Gesetzmäßigkeiten, wie *Chu* ausführt.[24] Es ist eine Minderzahl von Fremdgehern, welche das nur als einmaligen „One-Night-Stand" tun (10 %). Bei 60 % dauert die Fremdbeziehung länger als einen Monat. Sie füllt eine „Lücke" in der ehelichen Zweisamkeit aus, überbrückt sie und kann dadurch ungewollt auch zu einem „Ehe-Stabilisator" werden. Bei länger dauernden Zweitbeziehungen kommt es nach einer gewissen Zeit meist zu einer Entscheidungsphase, auf welcher Seite man sich effektiv wieder dauernd binden will respektive welche Beziehung man aufgeben will. *Chu* betont, dass in dieser Entscheidungsphase letztendlich nur 10 % der Fremdgeher sich wirklich für die Zweitbeziehung entscheiden (etwa mit Scheidung und neuerlicher Heirat).

Ich kenne etliche Ehen mit langjähriger Parallelbeziehung ohne wechselseitiges Wissen davon (oder ist es Nicht-wissen-Wollen?), die ohne größere Krisen Jahre liefen (laufen). In manchen kommt es schließlich doch einmal zu Eklat und Krise, in anderen läuft es ein Leben lang parallel.

Bei einer wohletablierten bürgerlichen Familie mit einer Tochter tauchte erst beim Tod des Vaters ein 24-jähriger Sohn auf, den der Vater aus einer Parallelbeziehung hatte. Der Vater hatte ständigen Kontakt mit seiner „Zweitfamilie", das Studium des Sohnes finanziert etc. Der Grund dafür, dass der Sohn dann aus seiner Anonymität bei der regulären Familie auftauchte, war (natürlich!) das Erbe.

Als sehr einfachem Lebensrezept ist allerdings von einer derartigen lang dauernden Parallelbeziehung in unserem Kulturkreis (wo ja die Einehe Gesetz ist) abzuraten. Denn es ist schon die „normale" Familienbeziehung (wie aus diesem Buch mehrfach hervorgeht) keineswegs immer einfach. Umso schwieriger ist es mit mehrfachen Dauerbeziehungen.

Ein besonderes Kapitel sind die Paarbeziehungen **mit sehr großem Altersunterschied** (wo die Partner also mehr als ein Generationsalter auseinander sind). Es ist an Folgendes zu denken:

1. Es spielen nicht selten aus der Kindheit kommende psychodyna-

---

[24] Chu V.: Von der schwierigen Kunst, treu zu sein. Warum wir betrügen, was wir lieben. München: Kösel Verlag 2008. Durch die starke Fluktuation in den Familienbeziehungen sind in letzter Zeit viele Bücher erschienen, die sich mit der „Paarbeziehung" befassen. Es bezeichnet sich auch eine Reihe von Psychotherapeuten explizit als „Paartherapeuten". Einer davon ist *Chu*, auch *Schwiderski* sowie *Ochs* und *Orban* gehören dazu.

mische Mechanismen mit. Eine Frau kann im älteren Mann eine Vaterfigur suchen, ein Mann in einer älteren Frau eine Mutterfigur. Das spielt sich natürlich im Unbewussten ab, wird aber in die bewusste Handlung transponiert.
2. Es muss die Bereitschaft bestehen, sich auf die andere Gedanken- und Lebenswelt des wesentlich älteren oder jüngeren Partners einzulassen, was – wenn ein Generationenalter oder mehr dazwischenliegt – keineswegs ganz einfach ist.
3. Kommt ein jüngerer, „alterspassender" Partner ins Spiel, kann das Arrangement zwischen Jung und Alt leicht zerbrechen und es kann zum schweren Absturz speziell des Älteren kommen.

In unserer klassischen Opernliteratur kommen zwei solche altersverschiedene Partnerschaften vor. Im „Rosenkavalier" hat die alte Marschallin einen jugendlichen Liebhaber, der dann seine neue junge Liebe findet. In den „Meistersingern von Nürnberg" verliebt sich der alte Hans Sachs in die jugendliche Eva, für welche dann auch ein jugendlicher Liebhaber auftritt. Durch die Güte der Dichtung kommen die beiden alten Partner nicht zu einem tiefen Absturz, sondern sind weise und gereift genug, um ihre jungen Geliebten mit Segenswünschen ziehen zu lassen.

Es ist allen Betroffenen herzlich zu wünschen, dass sie das auch schaffen und die schöne Zeit vor der Trennung in guter Erinnerung behalten, ohne „moralisch abzustürzen".

7.a. Beziehungspflege

Die vertragliche Absicherung einer menschlichen Paarbeziehung ist **die Ehe**. Für viele ist dieser gesetzliche Akt mit der Einstellung verbunden: „Jetzt brauch ich mich nicht mehr bemühen", im Gegensatz zur Werbe-Verführungs-Verliebtheitsphase von vorher. Das ist natürlich falsch! Ob ehelich abgesegnet oder nicht abgesegnet, die Paarbeziehung bedarf eines **ständigen Bemühens**, um sie kontinuierlich weiter bestehen zu lassen. 60 % der Ehen werden gegenwärtig wieder geschieden und die Tendenz ist steigend, auch weil in unserer heutigen Zeit die Frauen weniger von der Versorgung durch den Mann abhängig sind. Das war früher ja ein weiblicher Hauptmotor dafür, eine Ehe einzugehen und diese auch über Schwierigkeiten hinweg aufrechtzuerhalten. Heute hingegen können Frauen sich alleine erhalten und auch das Aufziehen der Kinder wird von vielen Frauen alleine erledigt. Ich kenne auch manche, die sagen: „Ich will mit diesem

Mann gar keine gesetzliche Bindung. Es war einmal ganz schön, aber er taugt nichts, und dass er mir jetzt in die Erziehung der Kinder dreinredet, will ich unbedingt vermeiden." Trotzdem sind wir auch heute imstande zu sagen, dass eine ausgewogene Kindererziehung unter einer harmonischen Zweierbeziehung von Vater und Mutter doch zu den günstigeren Bedingungen gehört, die wir einem jungen Menschen wünschen. Daher ist es auch sinnvoll, an der Zweierbeziehung (mit oder ohne Ehe) systematisch und gut zu arbeiten. Es muss aber gesagt werden:

Es gibt keine sicheren negativen oder positiven Prädiktoren (Voraussagekennzeichen) für das langfristige, bestenfalls dauernde Bestehenbleiben einer Zweierbeziehung!

- Die Heirat ist, wie gezeigt, heutzutage keinerlei Garant mehr dafür. Anderseits gibt es auch ohne Ehe langfristige gute persönliche Paarbeziehungen.
- *Astrid Riehl-Emde* von der Universität Heidelberg hat bei Befragung von 50 langfristig miteinander lebenden Mittelschichtpaaren keine gemeinsame Typologie gefunden. Sie fand auch **keine obligaten Koppelungen mit Verliebtheit**. (In Kap. 6 wurde näher ausgeführt, was darunter zu verstehen ist.)

Bei Analyse von 600 Personen zeigte sich eine 1 bis 5 mal im Leben auftretende Verliebtheit, wovon eine häufig zu einer Dauerbeziehung führte. Anderseits konnte bei einem Drittel von Dauerbeziehungen festgestellt werden, dass keine Verliebtheitsphase bestanden hatte. Dazu passt auch, dass **vermittelte Ehen keine schlechtere Dauerprognose** haben als sogenannte „Liebesehen". In jenen Fällen der arrangierten Paarbeziehung ohne vorherige Verliebtheit wird offensichtlich die Beziehungsdimension (insbesondere in ihrer Sicherungsfunktion) vor die Erotik und Lustdimension gestellt (wobei diese sich nachher durchaus einstellen können).

Gibt es zumeist keine sicheren Voraussagezeichen, so gibt es doch (etliche ebenso einfache wie oft missachtete) **Regeln, um Partnerschaften mehr Chancen** für längeres Bestehen zu geben.

- **Die verschiedenen „Dimensionen der Sexualität" (Kap. 6) müssen wohl abgewogen sein.**

Es kann die Lustdimension als das Wesentlichste betrachtet werden, mit dem Aberglauben, dass damit die Beziehungsdimension automatisch gegeben ist (eine häufige Erscheinung bei **Männern**).

Es kann die Fortpflanzungsdimension so stark überwiegen, dass sie die

Beziehung verkümmern lässt. *Beier und Loewit* geben das Beispiel einer **Frau**, die wegen lang unerfüllten Kinderwunsches nur zu Zeiten ihrer höchsten Empfängnisbereitschaft, sonst aber nicht, zum Geschlechtsverkehr bereit war, somit den Partner vernachlässigte.

- **Kinder kriegen und haben ist kein Psychotherapeutikum.**

Dem immer wieder noch auftauchenden Aberglauben „Wenn Kinder da sind, wird das schon werden" muss psychotherapeutisch energisch entgegengetreten werden. Vielmehr ist es so, dass eine vorhandene schlechte Elternbeziehung auf Kinder übergeht und sie darunter leiden (wie ja in vorliegendem Buch schon mehrfach zum Ausdruck gekommen ist). Die Kinder-Psychotherapeutin *Jutta Fiegl* hat das sehr schön ausgedrückt: „Ein Kind, dessen Hauptaufgabe es ist, Friedensstifter zu sein, wird sich später recht mühsam einen eigenen Sinn des Lebens erarbeiten müssen."

- **Der Respekt vor dem anderen** sollte ständig zunehmen (nicht etwa abnehmen). Dazu gehört Pflege von Kleidung, Auftreten und Sprache zuhause, besonders aber auch Respekt vor der **Tätigkeit des anderen**.

Populistische Politiker propagieren jetzt fallweise „Vorschriften" zur Haushaltsführung durch den Mann. Übereinstimmend mit *Lazarus* (einem der prominentesten Paar-Therapeuten in den USA) halte ich das für Unsinn. Es muss keineswegs der Mann kochen und die Frau Bäume ausgraben. Vielmehr soll jeder das tun, was er am besten kann. Aber es gehört dazu die **Hochachtung** vor der betreffenden Tätigkeit des anderen Partners. Wechselseitige Hilfe dabei oder Übernahme sollte aber keineswegs ausgeschlossen sein.

Manchmal muss man dem Partner auch Unangenehmes sagen. Das gehört zur Partnerschaft dazu. Auch das gilt es mit Respekt zu tun. Man nennt es „**Streitkultur**", dass man den anderen nicht mit unangemessenen Worten oder durch Schreien „niedermacht", ihm Möglichkeit zur Argumentation gibt etc. Solche Auseinandersetzungen sollen mit Sicherheit nur in der Zweierbeziehung vor sich gehen und keinesfalls in Gesellschaft. Denn einerseits wird dadurch manches Unangenehme, das man sagt, noch unangenehmer, andererseits ist es auch für die Mithineingezogenen peinlich und frustrierend.

- **Loben** Sie Ihren Partner nie!

So lautet eine der paradoxen Regeln von *Rainer und Claudia Sachse* aus dem Buch: „Wie ruiniere ich meine Beziehung – aber endgültig." Man muss wissen, dass Anerkennung wie ein Futter ist. Wenn man es konsumiert hat, braucht man immer wieder neues.

- Man muss die **Privatsphäre** des Partners achten und pflegen. Dazu gehören das eigene Zimmer, der Schreibtisch, die Post, das Telefon etc.
- „Wenn der Partner mich lieben würde, dann könnte er mir die **Wünsche von den Augen ablesen**" ist ein verbreiteter falscher Gemeinplatz. Selbst gute Partnerschaft macht niemanden zum Telepathen. Wer nichts sagt, ist selber schuld!
- Eine Ehe gehört in **mehreren Bereichen abgesprochen**. Die unrealistischen Phantasien der Verliebtheit, die erotische Anziehung etc. sind zwar etwas Wunderschönes und sollen jedem herzlich vergönnt sein. Doch darauf kann man leider keine Dauerbeziehung aufbauen (**trotz Hunderten gegenteiligen [Fehl-]Stereotypen in Literatur und Film**, einschließlich der alles überdauernden Liebe auf den ersten Blick).

> Zu einer längerfristigen (Familien-)Beziehung gehört viel mehr; u. a.:
> - Materielle Überlegungen und ein entsprechendes Zusammenlebens-Konzept (Wer bringt was und wer tut was).
> - Die längerfristigen Lebenskonzepte sollten abgesprochen und zur Konkordanz gebracht werden (übereinstimmend mit *Anna Schoch*): Welche Wertigkeit hat die „Karriere", das Verbleiben an einem Ort gegenüber der „Mobilität", das „Kinder-Kriegen" etc.?
> - Wie geht man mit Krisen um? Es ist durchaus sinnvoll, diese vorauszusehen und von vorneherein gewisse Strategien zu besprechen.

Zu den **unrealistischen Illusionen** speziell der Männer gehören die sogenannten **Pygmalion-Phantasien**[25] (das heißt: das Sich-selbst-Vorgaukeln, man könne jemand zweiten entsprechend den eigenen Wünschen „formen", kommt natürlich dem männlichen Überlegenheitsgefühl sehr entgegen). Häufig verbindet sich das mit den sogenannten „**Retter-Phantasien**". Der Mann holt die Frau aus einer unterprivilegierten Schicht heraus in eine „bessere". Dabei ist man auch noch „der Gute". Dieses Thema

---

25 Pygmalion war ein griechischer Bildhauer, der aus Marmor eine schöne Frau schuf und sich dann in diese verliebte. Demnach bezeichnet man als Pygmalion-Fantasien die (falsche) Überlegung eines Mannes, dass er eine Frau ganz nach seinem Willen formen kann, vor allem dann, wenn er sie aus ärmlichen Verhältnissen oder (bei uns kommt das auch keineswegs selten vor) aus einer anderen Kultursphäre (etwa Asien) holt.

zieht sich vielfach durch die Literatur: *George Bernard Shaws* „Pygmalion" mit dessen Musical-Version „My Fair Lady", der viel gespielte, viele rührende Film „Pretty Woman" usw. Jeweils wird das „einfache Mädchen" von einem „höherstehenden Mann" zu sich „emporgezogen" („aus der Gosse"). Die Fantasieversion, dass daraus ein besonders „positiver und neuer Mensch" entsteht mit Liebe, ewiger Dankbarkeit und einer tragfähigen Beziehung, kommt jedoch kaum vor. De facto kommt es hingegen meist zu späteren Aggressionen (Ablösungsproblematik analog zu Kindern), Nebenverhältnissen etc.

Große Alters- oder ethnische Unterschiede können sehr romantisch auf- und anregend wirken. Eine gute Dauerbeziehung daraus zu machen, ist aber deutlich schwieriger als bei sozialer und/oder altersmäßiger Ausgewogenheit. Sprache (was meint er/sie damit?), Gewohnheiten, Verhaltensweisen des Partners mit weitgehend anderem Hintergrund müssen erst vorsichtig erkundet und gelernt werden. Dabei gibt es natürlich eine Menge zusätzlicher Reibungspunkte.

Das trifft auch bei westlichen Männern zu, die sich **Frauen aus Entwicklungsländern** holen. Es soll keineswegs gesagt sein, dass davon abzuraten ist. Aber es gilt neben der momentanen Faszination und dem eventuell aus dem Unbewussten kommenden Pygmalion- und Retter-Streben sehr genau die weiteren Konsequenzen und möglichen Schwierigkeiten zu überdenken.

Voreheliches Zusammenleben ist zwar nach unserer heutigen Betrachtungsweise keineswegs abzulehnen, es trägt jedoch keineswegs zur Konsolidierung einer späteren Ehe bei. Vielmehr ist danach die Scheidungswilligkeit größer.

In den Illustrierten und anderen Produkten des gedruckten Blätterwalds gibt es heute sehr viel über Beziehung und Sexualität zu lesen. Leider ist keineswegs alles sehr kompetent und gut. Aber einige Bücher könnte ich als **gute und leicht fassliche Lektüre empfehlen**, nämlich: *R. und C. Sachse:* „Wie ruiniere ich meine Beziehung – aber endgültig", *S. Alafenisch:* „Die acht Frauen des Großvaters" (insbesondere für eifersüchtige Frauen) und *F. Schwiderski:* „Beziehungsweise glücklich".

Die wesentlichen **Rechtsnormen**, welche die Ehe (und auch die Ehescheidung) betreffen, sollten bei psychotherapeutischen Krisenbesprechungen unbedingt eingebunden werden. Da vieles außerhalb der Realität gesehen wird, können nüchterne Klarstellungen hilfreich sein. Daher hier ein paar Schlagworte (im Eventualfall muss natürlich eine rechtsanwaltliche Aufklärung erfolgen) – siehe auch noch später bei Ehescheidung.

Die Judikatur hat sich in den letzten Jahrzehnten grundlegend geändert (das Folgende laut *Anna Schoch* in Bezug auf Deutschland).

Noch bis in die 50er Jahre des vorigen Jahrhunderts
- verwaltete der Mann auch das von der Frau eingebrachte Vermögen.
- Sie war verpflichtet, ohne Entlohnung im Betrieb des Mannes mitzuarbeiten (nicht so in Österreich).
- Der Mann entschied die Frage der Kindererziehung.

Heute bekommt die Frau bei der Scheidung die Hälfte des Zugewinns (nicht nur aus gemeinsamer Tätigkeit, sondern auch aus der Tätigkeit des Mannes). Es wird ihr meistens das Haus oder die Wohnung zugesprochen. Das erscheint einerseits durchaus richtig. Denn wenn die Frau 25 Jahre mit Kindern und Haushalt dem Mann den Rücken freigehalten hat, sodass er seinen Beruf gut aufbauen konnte, steht ihr vernünftigerweise auch ein Teil des erworbenen Vermögens zu. Andererseits hat diese Medaille auch eine Kehrseite.

- Ein junger Akademiker erhielt zur Hochzeit von seinem Vater eine Wohnung finanziert. Die Ehe wurde nach 6 Wochen geschieden, die Wohnung ging an die Frau.
- Manche Betriebe gehen zugrunde, wenn nach der Scheidung die Hälfte eines sehr hohen Betriebsvermögens an die Frau gezahlt werden muss. Österreich trennt jedoch im Gegensatz zu Deutschland Betriebs- von Familienvermögen.
- Ein junger Arzt sagte mir: „Ich heirate auf keinen Fall, denn man ist ja heutzutage der Frau völlig ausgeliefert und sie kann einen jederzeit zugrunde richten. Kinder kann ich auch ohne Verehelichung haben."

So gibt es also heute einen wesentlichen **Anti-Trend gegen die Ehe.** Sicherlich ist es gut, dass an Ehen nicht aus Angst vor der Zukunft und als Sicherungsfunktion krampfhaft festgehalten wird. Es zeigt sich aber auch die Tendenz, bei kleinen Schwierigkeiten rasch das Handtuch zu werfen und die Scheidung anzusteuern.

> Der Psychotherapeut soll einen **vernünftigen Mittelweg** finden helfen, der einerseits die wichtige und schöne erotische Dimension berücksichtigt, andererseits wirtschaftliche und andere „praktische" Gesichtspunkte nicht ausklammert (wozu speziell in der Verliebtheitsphase – auch entgegen etwa elterlichen Bedenken – tendiert wird).

Das läuft allerdings, wie gesagt, Hunderten **literarischen und filmischen Illusionsklischees** zuwider, wo sich „die wahre Liebe" gegen alle materiellen und elterlichen Bedenken durchsetzt und so angeblich zum großen Dauerglück wird.

Auch eine andere weit verbreitete Ehe-Illusion – die immer Illusion bleibt – gilt es zu konterkarieren:
Die Frau heiratet und glaubt, dass der Mann sich noch ändert.
Der Mann heiratet und glaubt, dass die Frau so bleibt, wie sie ist.
Das hat der deutsche Psychotherapeut *Bernhard Trenkle* so pointiert ausgesprochen.

Wir ändern uns ständig und eine Aufgabe in der Paarbeziehung ist es, sich auf die Veränderung seiner selbst und des anderen einzulassen, sie zu sehen und daraus dann wiederum das Beste für die Partnerschaft zu machen.

Als man den berühmten altgriechischen Philosophen **Sokrates** einmal fragte: „Soll ich heiraten oder nicht?", antwortete dieser: „Du kannst beides tun, es wird dich aber beides reuen." Dies zeigt, dass jede Paarbeziehung zwei Seiten hat. Positiv bekommt man Nähe, Vertrautheit, Zärtlichkeit und ist nicht allein. Negativ verliert man aber einen Teil seiner Freiheit. Ich glaube daher, Sokrates richtig zu interpretieren, dass er keineswegs aus den angeführten Gründen von der Ehe allgemein abraten wollte, nur jeden warnen wollte, dass die Ehe kein vollautomatisch wirkendes Rezept zum Glücklichsein ist, sondern mit untrennbar vorhandenen **Positiv- + Negativseiten** akzeptiert und auch vorbedacht werden muss.

> Es geht also darum, in der Partnerschaft ständig an der Balance zu arbeiten, zwischen beengendem Aneinanderpicken (Bedrückung bis Unterdrückung) und rücksichtslosem Individualismus (der den anderen vereinsamen lässt).

7.b. Liebe

Ich habe versprochen, über dieses Thema auch noch etwas zu schreiben, denn es ist ja in aller Munde.

Trotzdem, oder vielleicht gerade deswegen, kann man wenig darüber sagen. Viele führen „die Liebe" im Mund, meinen dabei aber sehr Unterschiedliches aus den vier Sexualitätsdimensionen, die ich in **Abb. 4** (Kap. 6) schematisch dargestellt habe.

Die Liebe positioniert sich zwischen zwei Polen, die durch Folgendes charakterisiert werden:

1. das Volkslied „Die Liebe, die Liebe ist eine Himmelsmacht",
2. den vulgären Spruch „Die Liebe ist ein Zeitvertreib, man braucht dazu den Unterleib".

Zwischen diesen beiden Extremen lohnt es sich noch, *Erich Kästner*[26] zu zitieren, der auf die Notwendigkeit der Verbindung zwischen Romantischem und Trivialem bei der Liebe in folgenden Verszeilen hinweist:

Auch der tapferste Mann, den es gibt,
schaut mal unters Bett.
Auch die nobelste Frau, die man liebt,
muss mal aufs Klosett.

Es mag sich nun jeder aussuchen, wo er die Liebe positioniert, und das wird natürlich auch sehr davon abhängen, wie er momentan steht: Ist er gerade verliebt oder gerade in Scheidung?

Mit seinem Buchtitel „Die geheimen Mechanismen der Liebe. 7 Regeln für eine glückliche Beziehung" gibt *Revenstorf* die glückliche Beziehung als das Wesentlichste an der Liebe an. Dabei nennt er vor allem **das Zwiegespräch**. Ich möchte dem besonders beistimmen und es unterstreichen, insbesondere deshalb, weil unsere Zeit immer gesprächsärmer wird. Dazu

---

26 Kästner hat in der Zwischen- und Nachkriegszeit sehr vieles gesagt und geschrieben, das uns Menschen sehr treffend charakterisiert und zugleich durch Witz und Sprache großen Eindruck hinterlässt. Ein Beispiel ist seine Gedichtsammlung „Lyrische Hausapotheke". Ich persönlich möchte ihn mit Heinrich Heine unter die wesentlichsten deutschen Lyriker einreihen. Er stellte sich von allem Anfang an gegen die braune Pest des Nationalsozialismus. Zwar kam er glücklicherweise nicht ins Konzentrationslager, aber seine Bücher wurden als „entartete Kunst" öffentlich verbrannt.

tragen SMS und E-Mail bei. Diese modernen Medien mögen zwar einerseits den Kontakt vervielfachen, aber die ruhige Gelassenheit, das Mit-dem-anderen-Mitdenken, das bereichernde Gespräch oder der kultivierte Brief etc. gehen in jenen Kurzformen der Kommunikation verloren.

Revenstorf gibt zu einem beziehungserhaltenden Zwiegespräch folgende Punkte als wichtig an:
- keine Störungen während des Gesprächs
- Dauer mindestens eine Stunde
- keine Flucht in Schlaf oder Zärtlichkeiten
- jeder redet über sich
- kein Zwang, beim Thema zu bleiben (assoziatives Schweifen der Gedanken)
- abwechselnd reden, jeder hat etwa gleiche Redezeit
- keine bohrenden Fragen, kein Drängen
- keine Ratschläge
- keine Kritik
- kein Kommentar
- möglichst regelmäßig – am besten wöchentlich, vor allem zu Beginn einer Beziehung
- Geduld haben am Anfang!

7.c. Wie bahnt man Beziehung an?

Familienbeziehung hat man ohne eigenes Zutun. Man muss nur sehen, wie man damit bestmöglich zurechtkommt. Auch Beziehungen in der Schulzeit kommen meist automatisch dazu. In vorigen Kapiteln wurde darauf eingegangen. Partnerbeziehung hingegen geht nicht automatisch. Es wurde gesagt, wie man sie pflegen soll. Jetzt soll darauf eingegangen werden, wie man damit beginnt.

In einer Auflistung, wo sich Partner gefunden haben, finden wir Folgendes:[27]
- beim Ausgehen (Discos, Bars, Lokale) . . . . . . 71 %
- durch Freunde/Bekannte . . . . 67 %
- im Internet . . . . 57 %
- Arbeitsplatz/Beruf . . . . 51 %
- beim Sport . . . . 36 %
- Schule/Studium . . . . 36 %

---

27 Zeitungsmitteilung aus „Österreich", 5. 9. 2009.

- im Urlaub . . . . 35 %
- beim Einkaufen . . . . 18 %
- über Partnervermittlungen . . . . 17 %
- über Kontaktanzeigen . . . . 14 %

Es passt sich also das Anbahnen dem heutigen Lebensstil mit den heutigen technischen Möglichkeiten an und hat den alt-ehrwürdigen „Heiratsvermittlern", aber auch den einfachen Zeitungsannoncen den Rang abgelaufen (Ausnahmen sind die Annoncen, welche reine Sexkontakte anbieten).

In früheren Generationen war das anders: „Gutbürgerliche" Familien veranstalteten Hausbälle, und die Eltern versuchten dazu geeignete junge Männer für ihre Töchter einzuladen. Auf den öffentlichen Bällen wurden als „Damenspenden" attraktive kleine Büchlein ausgegeben, in welche sich interessierte Herren jeweils für bestimmte Tänze eintragen konnten.

Ehen zu vermitteln galt als durchaus honorig. Sie funktionierten fallweise besser als spontane. Fürstenhäuser ließen Hofmaler Porträts von ihren Sprösslingen malen und versandten sie mit Kurieren an standesgemäß passende Adressen. Die Heirat war nur dem romantischen Ideal nach eine Liebesangelegenheit; in Wahrheit hatte sie ökonomische und politische Gründe. Manchmal wurde daraus gute Beziehung bis Liebe; manchmal blieb man nur nebeneinander.

Besonders glänzten als Heiratsvermittler die österreichischen Habsburger, die in der Kriegsführung wesentlich weniger glückhaft waren. Das führte zu dem Hexameter-Vers: „Bella gerant alii, tu felix Austria nube" (Kriege führen sollen andere, du glückliches Österreich heirate).

Heute regieren nicht mehr die Habsburger, sondern das Internet. Dieses steht daher auch an erster Stelle der gezielten Partnerfindung. Aus persönlichen Gesprächen weiß ich von einer tatsächlich bis auf Weiteres haltbaren Partnerschaft, aber auch von einigen reichlich frustrierenden Erlebnissen, da man im Internet einander allerhand vorflunkern kann, was dann keineswegs zutrifft. Auch und vor allem fehlt der persönliche Augenschein. Wir Menschen sind nämlich vorwiegend Augentiere. Das Foto kann Vieles am Aussehen kaschieren. Auch merkt man beim persönlichen Treffen, ob man „sich riechen kann", sowohl im übertragenen Sinn als auch direkt über das Geruchsorgan. Denn das spielt über das Unbewusste eine nicht unwesentliche Rolle.

Mir ist ein System untergekommen, das mehreres ganz gut verbindet: Internetzugang; persönliches Kennenlernen ohne Verpflichtungen, Frustrationen und Enttäuschungen; geringes finanzielles und persönliches Risiko. Es nennt sich „**City Speed Dating**".[28] Die sympathische junge Managerin hat mir einiges darüber erzählt.

Angeblich kommt die Idee von einem Rabbi, der die geeigneten Mitglieder seiner Gemeinde zusammenbringen wollte.

Die Interessenten melden sich im Internet an und zahlen eine Gebühr (die wesentlich geringer ist als bei den üblichen Vermittlungsagenturen). Die Managerin lädt dann ungefähr 10 Paare in ein gemütliches Lokal mit etwas separierten Tischen ein. Die Frauen sitzen am Tisch, die Männer setzen sich jeweils 5 Minuten dazu und wechseln dann zum nächsten Tisch. In den 5 Minuten können die beiden miteinander plaudern und sich bekannt machen.

Nach dem zweistündigen Abend gibt jeder Mann und jede Frau an, welche der Partner weiter interessant sind. Wo Übereinstimmung besteht, wird ein weiteres Treffen vermittelt. Wenn es bei einem ersten City-Speed-Dating-Treffen nicht geklappt hat, kann der Klient bei einem zweiten teilnehmen.

Die Managerin organisiert diese Treffen in 3 passenden Altersgruppen und hat dazu Folgendes gefunden: In der jüngsten Altersgruppe überwiegen die Männer. Sie meint, weil diese schüchterner sind. In der ältesten Gruppe überwiegen die Frauen. Sie meint, weil die Männer dann träger werden, die Frauen aber aktiver.

Einiges lasse ich die engagierte Managerin nun selbst erzählen.

Speed Dating ist ein Ort der Begegnung und Kommunikation. Es entstehen nicht nur Beziehungen, sondern auch Frauen- und Männer-Freundschaften. Ich selber habe eine meiner liebsten Freundinnen dort kennengelernt.

Es kommen viele zu zweit: mit Freund oder Freundin, denn es macht so meist mehr Spaß. Claudia, eine Dame Mitte 30, hatte ihrer Freundin Sonja eine Teilnahme zum Geburtstag geschenkt, allerdings war diese nicht gleich willens mitzugehen. Beim zweiten Anlauf klappte es und beide nahmen an der Gruppe 30–40 Jahre an einem angenehmen Sommerabend im Juli teil. Beim letzten Date mit Markus kreuzte Sonja ein „Nein" an, Kontaktaustausch nicht erwünscht. Da es das letzte Date war, blieb den beiden aber länger Zeit zum Plaudern, man musste nicht sofort wechseln. Und sie blieben laaaange sitzen ... Zeitgleich unterhielt sich Claudia, ihre Freundin, prächtig im Gastgarten des Lokals mit Date Nr. 3 Martin. Conclusio: beiden verliebten sich und beide wurden ein Paar.

---

28 www.cityspeeddating.at

Andreas, 27 Jahre, nahm immer wieder teil, ohne dass sich Übereinstimmung ergab. Er war etwas schüchtern, ein Doktor der Wissenschaft, und nicht sehr kommunikativ – nicht unsympathisch, aber etwas distanziert. Ein Lächeln war selten zu sehen. Er war in 2 bis 4 Wochen-Abstand gekommen. Als er dann ausblieb, nahm ich an, er hätte es aufgegeben. Eines schönen Tages nahm aber ein Freund von ihm teil und erzählte, Andreas sei sehr vergeben. Es hätte sich eine Dame in ihn verliebt und Andreas sei nun wie ausgewechselt: fröhlich, gesprächig und zum Kuschelmonster mutiert.

Dass Liebe keine Entfernung kennt, zeigt das Beispiel von Walter. Der Oberösterreicher buchte zwei Teilnahmen: einmal in Linz, seiner Heimatstadt, und einmal in Wien (zwei Autostunden entfernt). Der erste Termin war im April in Wien und wie es der Zufall so will, funkte es auch tatsächlich gleich beim ersten Mal ... Die zweite Teilnahme in Linz schenkte er einem Freund, der dann leider nicht so viel Glück hatte.

Drei Freunde kamen gemeinsam. Einer verliebte sich im Frühjahr, dann kamen nur noch zwei. Da sich der nächste im Sommer verliebte, kam nur mehr einer alleine. Er war allerdings danach nicht mehr anzubringen.

Zwei Freunde nahmen immer wieder teil. Leider musste ich nach geraumer Zeit bemerken, dass Speed Dating für beide schon zu einer Art „Sport" geworden war und sie nur wetteiferten, bei wem die meisten Frauen weiter interessiert waren. Hier musste ich dann einschreiten und sie erhielten Teilnahmeverbot.

Dann gab es noch jenen, der anstatt zur nächsten Dame zu gehen, immer wieder zu ein und derselben Frau zurückkehrte (er hatte sich wohl schon verguckt). Es herrschte somit bei jeder Runde das totale Durcheinander.

Ein anderes Mal sah ein Mann seine Exfrau nach 8 Jahren wieder, die bei derselben Speed-Dating-Runde teilnahm ... Er ging gleich wieder ... Und dann gab es noch jene Dame, die den Herren dermaßen zuredete, dass einige aufs Klo flüchteten ...

Aber bei mehreren Tausend Teilnehmern sind dies Einzelfälle, beim Speed Dating sind ganz „normale" Leute wie überall. Mit etwas Glück trifft man beim Speed Dating sogar seine Liebe, zumindest aber immer nette Leute, hat interessante Gespräche und lernt neue Freunde kennen.

Es gibt etliche Agenturen, die (meist um beträchtliches Geld) Bekanntschaften im Ausland vermitteln. Man fand und findet sie mehrfach in den Medien. Sie scheinen keineswegs alle seriös zu sein. Der Interessierte mag sich selbst seine Kosten-Risiko-Überlegungen machen.

8. Das Ende einer Beziehung

In unserer Scheidungs- und Patchworkgesellschaft ist mehrfaches Enden von Beziehungen vorprogrammiert. Natürlich hat es das immer gegeben und wird es auch immer geben. Je enger und emotional betonter eine Bindung ist, desto schwerer wiegt die Belastung bei ihrer Beendigung. In der Generationenbeziehung müssen Kinder einmal flügge werden, hinterlassen ein „empty nest" (Kap. 2.c.) mit etlichen Problemen. Die Eltern dürfen sich nicht an sie anklammern. In der Paarbeziehung kommt bei manchen der Moment, wo „man sich nichts mehr zu sagen hat" etc.

Schmerzlich wird es dabei vor allem durch die meist bestehende **Asymmetrie**: Für den einen Partner ist es ganz klar. Der andere versteht es nicht so oder will es nicht verstehen. Da müssen wir durch. Es gehört zu den Erfahrungen eines Lebens, an denen man leiden, aber auch reifen kann.

Jedem damit Konfrontierten ist zu wünschen, dass es trotzdem weiterhin respektvoll und menschlich zugeht. Leider ist es aber keineswegs immer so. Manches des Folgenden mag dem Leser als amüsante Anekdote erscheinen. Für die Betroffenen war es aber mit Sicherheit das Gegenteil. Es sollte dem Leser vor Augen führen: Man soll sich bei der Trennung vom Partner nicht gleich auch von der guten Erziehung trennen, in der wir Menschlichkeit und Respekt vor dem Anderen gelernt haben. Damit wird auch eine unumgänglich gewordene Trennung humaner und weniger schmerzlich.

8.a. Scheidung

Bei ehelicher Partnerschaft geht die Trennung über eine Ehescheidung.

Der schon zitierte Paartherapeut *Schwiderski* meint, dass 2 Drittel aller Scheidungen aufgrund von Kleinigkeiten erfolgen. Es wird zu wenig geredet, die Partner ziehen sich zurück, mit Jammern und Aggressionen. Ich möchte dazu aber sagen, dass es meist eine längere Vorgeschichte gibt, mit zunehmender Entfremdung und „der Scheidungsgrund" meist nur die Spitze des Eisbergs darstellt.

8.A. SCHEIDUNG

Da aber bei der Scheidung neben den **emotionalen Problemen auch beträchtliche rechtliche** auftreten, habe ich mich im folgenden Kapitel unterstützen lassen und danke zwei fachkundigen Beratern, einem Rechtsanwalt und einem Privatdetektiv.

Walter Penk-Lipovsky als prominenter Wiener Detektiv[29] mit jahrzehntelanger Erfahrung könnte ein eigenes Buch darüber schreiben, aber er hat mir einige seiner Erfahrungen überlassen, um sie hier zu verwenden. Da er ein ausgezeichneter Erzähler ist, lasse ich ihn über Strecken selbst zu Worte kommen. Er berichtet nicht nur nüchterne (zum Teil skurrile) Tatsachen, sondern macht sich auch entsprechende Gedanken darüber.

(**PE**) bedeutet Penk-Lipovsky wörtlich, (**BA**) Textstelle von Barolin.

(**BA**) Es gibt grundsätzlich zwei Arten von Scheidungen, nämlich
  a. die einvernehmliche,
  b. die Kampfscheidung.

Letztere kann zu den sogenannten „**Rosenkriegen**" führen, die sich über lange Zeiträume erstrecken und auch etliches an Rechtsanwalthonoraren kosten können. Dabei wird (typischerweise) „das Recht" von jeder der beiden Seiten sehr unterschiedlich betrachtet und ausgelegt. Der Detektiv wird beigezogen, um bei bestimmten Aussagen nachzuweisen, dass sie falsch sind, oder es sollen unerwähnte Faktoren aufgefunden werden.

Einfacher wird eine Scheidung, wenn bei der Heirat ein **Ehevertrag** geschlossen wurde. Dies wird allerdings nach wie vor nur selten gemacht, denn in der akuten Verliebtheitsphase (die ja in der Regel mit der Ehe Hand in Hand geht) wird derlei meist als deplatziert oder völlig unnötig angesehen.

Das immer länger werdende Lebensalter trägt dazu bei, dass heute der Ausdruck „**Lebensabschnittspartner**" immer häufiger in Gebrauch kommt. Natürlich ist die Trennung einfacher, wenn es gar nicht zu einer Heirat gekommen ist. Es wurde schon im entsprechenden Kapitel gesagt, dass (auch aus diesen Gründen) das Heiraten immer weniger modern, das

---

29 Der genannte ist Doyen der Wiener Detektive und hat auch eine Detektivakademie gegründet. Er ist aus einer traditionsreichen österreichischen Familie und trägt dementsprechend eigentlich den ausführlicheren Namen *Walter Stephan Freiherr Penk-Lipovsky zu Lipovic*. Er hat in Toronto Kriminalistik sowie Geschichte studiert und blickt auf etliche Jahrzehnte Berufserfahrung zurück, wovon er hier einige Schlaglichter anzündet. Sein Büro befindet sich in Wien 1, Herrengasse 6–8.

8. DAS ENDE EINER BEZIEHUNG

Zusammenleben ohne Ehe immer moderner wird. Daraus ergibt sich auch, dass derzeit **39 % der Kinder unehelich** geboren werden.[30]

Das soll nicht dahingehend missverstanden werden, dass ich Propaganda gegen die Ehe betreibe. Es sollen aber die gegenwärtigen Gegebenheiten (auch in der Psychotherapie) mehr in Betracht gezogen werden.

(**PE**) Der einstmals berühmte Kabarettist und Autor *Karl Farkas* (1893–1971) prägte den vielbelachten Satz: „Wenn die Frauen verwelken, verduften die Männer." Der Aphorismus war vor ca. 40 Jahren durchaus berechtigt, weil ja die Chancen der Männer auf eine zweite oder dritte Jugend mit Hilfe von Geld besser als jene der Frauen waren. Als zwingende Notwendigkeit ergab sich größere Sparsamkeit der Noch-Ehefrau gegenüber, damit eben für das neue Leben und die neue Gefährtin mehr übrigblieb.

Die Emanzipation und wirksam gewordene **Selbstverwirklichung** haben es mit sich gebracht, dass die Gewichtung etwas verschoben wurde. Viele Frauen von 35 bis 55 entdecken eine neue Art der Freiheit, wobei sie von einer Menge Golf-, Tennis-, Fitness- und Mental-Gurus unterstützt werden. Auch die Schönheitschirurgen unterstützen sie in zunehmendem Maße dabei, die Altersgrenze immer weiter in die Höhe zu rücken.

Eine Scheidung mit Rosenkrieg kann in einen Guerilla-Kampf ausarten, bei dem jedes Mittel recht ist und die Erbarmungslosigkeit üble Triumphe feiert. Nach 40 Berufsjahren und ca. 2000 „Ehecausen" ist es für mich als Berufsdetektiv immer noch schrecklich, erleben zu müssen, dass zwei Leute sich verlieben, vernarrt ineinander sind, verrückt ins Bett taumeln, zusammen leben, Kinder bekommen, und Jahre später benötigen sie Rechtsanwälte, Detektive, Richter, bisweilen auch Polizeiorgane, um sich zu trennen.

Interessant ist die **Unterschiedlichkeit** der beiden Geschlechter in Kampf- und Denkweise. Prinzipiell neigen Männer, egal welchen Alters, zum sogenannten Schlussstrich, also lieber ein Ende mit Schrecken als ein Schrecken ohne Ende. Dabei können Männer zu äußerst brutalen und menschenverachtenden Mitteln greifen, um „sie loszuwerden".

Bei den Frauen einer Kampfscheidung sieht man ein grenzenloses

---

30 laut ORF-Sendung „Zeit im Bild" vom 19. 5. 2009.

8.A. SCHEIDUNG

Hassen ohne Limit der Zeit, des Ortes oder der Qualität. Der Mann, der sie verlassen hat, soll zahlen, soll keine Erfolge bei anderen Frauen und im Beruf mehr haben. Kurzum, neben Bezahlung der Alimente darf es nur noch in bescheidenem Maße für Kleidung, Nahrung und Obdach reichen, aber das auch nur knapp.

(BA)[31] Hier sei ein kurzer Abschnitt über die rechtliche Situation zwischengeschaltet. Es geht bei Kampfscheidungen um den Nachweis, dass man vom Partner los will, weil er „**ehewidriges Verhalten**" an den Tag legt. Davon gibt es natürlich hunderte Varianten, die dann der Richter zu bewerten hat. Es reicht von allgemeiner Vernachlässigung über Brutalität bis zum Nachweis einer außerehelichen Geschlechtsbeziehung. Die verschuldensunabhängigen Ehehindernisse wie Krankheit, Unfruchtbarkeit etc. spielen bei unseren hiesigen Überlegungen keine Rolle.

Wenn die richterliche Scheidung ausgesprochen wird, müssen Ersparnisse und Vermögen (ausgenommen das, was nachweislich vom Partner in die Ehe mitgebracht wurde, in Österreich auch mit Ausnahme des Geschäftsvermögens) 50 : 50 geteilt werden. Weitere typische Streitpunkte sind das Sorgerecht für die Kinder und die Alimentation des anderen Partners. Nicht selten ist es so, dass die Frau wegen der Kinder ihren Beruf längere Zeit nicht ausgeübt hat und nun vom geschiedenen Gatten eine lebenslange Alimentation verlangt, da sie jetzt aus verschiedenen Gründen keinen Beruf mehr ausüben kann. Dazu ist die Frau jedoch nur berechtigt, wenn sie kein ehewidriges Verhalten gezeigt hat. Ob

    a. ehewidrig oder nicht,

    b. berufsfähig oder nicht,

wird (natürlich) von beiden Streitpartnern konträr gesehen und behauptet. Hieraus ergibt sich dann ein wesentliches Einsatzgebiet für den Privatdetektiv.

---

31 Ich danke Herrn Dr. Gerald Göbel, einem alterfahrenen und hervorragenden Wiener Rechtsanwalt (und persönlichem Rechtsfreund) für seine erklärenden Worte, die ich hier verwerten darf. Die Rechtsanwaltskanzlei befindet sich in Wien 1, Weihburggasse 9.

8. DAS ENDE EINER BEZIEHUNG

(PE) Der Partner, der zur **Alimentation** verpflichtet wird, versucht natürlich sein offizielles Einkommen möglichst klein zu machen.

Ein Mann, den wir beobachteten und die Beweise für sein ehewidriges Verhalten lieferten, ließ seine gut gehende Firma innerhalb von eineinhalb Jahren zugrunde gehen, um die Alimentationsforderungen seiner Frau abwehren zu können. Bei größeren Firmen haben es Finanzflüchtlinge schwer, weil ihr Gehalt offen liegt. Das Gleiche gilt für Staatsbedienstete. Bei internationalen Firmen können Manager ausweichen und sich einen Teil ihrer Boni oder Einkünfte irgendwohin auf der Welt überweisen lassen.

Für manche Freiberufler gibt es andere typische Schwierigkeiten. Die Ehefrau hat jahrelang miterlebt, wie gewisse Einnahmen an der Steuerbehörde vorbeigelotst wurden (z. B. Zahnärzte). Es gibt also das Fest der Erpressung. Sie droht mit dem Finanzamt und er geht sehr oft in die Knie. Natürlich beraten geschickte Anwälte, dass man eine Kuh zwar melken könne, sie aber nicht schlachten darf. Doch sind mir zwei Fälle in meiner Praxis bekannt, die beide den Erdteil wechselten und auswanderten.

Betrogene Frauen haben versucht bei diversen Begleitagenturen hübsche Damen zu finden, die den Mann ins Bett locken. Detektivinstitute tun so etwas in Österreich nicht und überdies hält es vor Gericht kaum, aber der Versuch wird immer wieder unternommen. Der Wunsch wurde aber auch schon von der anderen Seite vorsichtig geäußert: „Haben Sie unter Ihren Detektiven nicht einen, der meiner Alten den Hof machen könnte?"

Eine Klientin kam zu mir und es stellte sich bei dem recht offen geführten Gespräch heraus, dass sie zwei Freunde hat. Einen am Mittwoch und den zweiten am Samstagabend. Die Frau war unattraktiv, hatte keine sehr gute Figur und jene Mitteilung war erstaunlich. Noch erstaunlicher war ihr Wunsch: „Könnten Sie probieren, meinem Mann irgendetwas nachzuweisen? Er will sich nicht scheiden lassen, aber ich will ihn loswerden."

Ein Mann von weniger Bildung und Manieren kam bei Regenwetter in die Wohnung seiner peniblen Ehefrau, stapfte mit den schmutzigen Schuhen durch das Wohnzimmer, in das Schlafzimmer, über die Betten und verließ durch das Vorzimmer wieder wortlos die Wohnung. Er wollte nicht mehr und hat es auf seine Art ausgedrückt. Die Frau, eine wahrscheinlich zu geduldige Person, erlebte dann noch, dass er wieder in den ehelichen Wohnsitz zurückkehrte, an der Hand eine Prostituierte, mit der er sich im Schlafzimmer bei offener Tür kurz vergnügte und dann wieder ging.

Eine jüngere Frau, die beim besten Willen ihren Mann nicht aus dem Haus bringen konnte, zog eines Tages Stilettos an, und als er beim Telefon stand und ein Gespräch führte, sprang sie in die Höhe und bohrte mit ihrem Stöckelschuh auf einen seiner Füße. Der Schmerz war so groß, dass er mit der freien Hand ausholte und ihr eine verkehrte Ohrfeige gab. Dies war der Zweck des Manövers gewesen. Sie rannte zu ihrem Telefon, rief die Polizei und er bekam eine Wegweisung.

Ein Mann wohnte bei seiner Freundin, weil er im gemeinsamen Haus mit seiner Noch-Ehefrau nicht mehr zusammenleben wollte. Im Winter drehte er ihr die Heizung ab und demontierte wichtige Teile. Einige Tage lang, bis der erste Installateur kam, musste sie frierend in Mäntel und Decken eingewickelt verbringen.

Ein Musiker ließ sich von seiner Frau scheiden, die Sängerin war. Sie beanspruchte Alimente, da sie ihren Beruf lange nicht mehr ausgeübt hatte. Es konnte ihr aber nachgewiesen werden, dass sie Gesangsstunden gab. Darauf teilte sie mit, dass sie das nur aus Menschenfreundlichkeit und gratis machte. Eine Detektivassistentin von mir, die gleichzeitig Schülerin in einer Schauspielschule war, nahm bei ihr Gesangsstunden und bezahlte sie dafür regulär. Darauf hielt ihre Behauptung der reinen Menschenfreundlichkeit nicht mehr.

Auch die Obhut und das Sorgerecht für die Kinder werden für den Rosenkrieg verwendet.

Ein Klient von uns hat seinen kleinen Sohn etwas über ein Jahr nicht gesehen. Die geschiedene Frau verhindert überaus kreativ sein Besuchsrecht. Einmal ist der 6-jährige krank, dann ist er auf einen 2-Tage-Urlaub in Oberösterreich bei Verwandten, dann wollte er unbedingt schwimmen gehen und man hat vergessen usw. usw. ... Die eingeschaltete Fürsorge arbeitet langsam, weil ja auch die Beweissicherung gar nicht so einfach ist.

Das Telefon ist eine bisweilen besorgniserregende Waffe. Ein Mann wurde von seiner rachsüchtigen Gefährtin in vier Monaten ca. 3200 Mal angerufen. Sie telefonierte niemals von zu Hause und die Ortung der Dame war auch für uns nicht sehr einfach. Da er Freiberufler ist, konnte

8. DAS ENDE EINER BEZIEHUNG

er sein Telefon nicht abschalten, und weil er bereits betagte Eltern hatte, wagte er nicht, abends auf Anrufbeantworter zu stellen. Er besorgte sich letztendlich auf unseren Ratschlag hin zwei Wertkarten-Handys und kam so einigermaßen über die Runden, nachdem allerdings seine Nerven bereits eindeutig angeschabt waren. Leute, die diesen Terror ausüben, haben überdies die Gewohnheit, sofort nach der Meldung des Teilnehmers aufzulegen, sodass die übliche Fangtaste sehr oft nicht funktioniert.

Ein Salzburger Klient bezahlte seine Freiheit mit 27 Jahren Alimentation für eineinhalb Jahre kinderlos gebliebene Ehe in der Jugend. Als die Frau 27 Jahre nach der Scheidung von einem Partner, der sich in ihrer Wohnung umgebracht hatte, an die 30 Mio. Schilling und ein Haus in Australien erbte, sagte sie als erstes zu ihren engsten Freundinnen: Sagt dem Günther (Name geändert) nichts, sonst hört er auf zu zahlen.

Beliebt ist auch der Verdacht, der Partner wäre homosexuell. Einige Verleumdete lachten darüber, andere gerieten in Weißglut.

Erfreulicherweise ist es mir in manchen Fällen auch gelungen, nicht nur zur Auflösung von Ehen, sondern auch zu deren Erhaltung beizutragen. – Wie es ja auch menschliche Rechtsanwälte gibt, die nicht unbedingt auf Kampf abzielen, sondern versuchen zwischenmenschlichen Kitt anzubringen.

Eine Frau Mitte dreißig, erfolgreiche Akademikerin und sehr eingesetzt im Beruf, kam zu mir, weil sie ihren Gatten „ehewidrig" im Badezimmer bei der Selbstbefriedigung „erwischt" hatte. Ich sollte ihm weiteres ehewidriges Verhalten nachweisen. Stattdessen versuchte ich sie zu überreden, sich mehr Zeit für den Mann zu nehmen und nicht nur in ihrem Geschäft aufzugehen, sondern systematisch die Beziehung zu pflegen. Ein halbes Jahr später bekam ich einen freundlichen Dank von ihr: Ich hätte ihre Ehe gerettet!

Willy Forst (1903–1980), europaweit berühmter und auch heute noch bekannter Filmregisseur (dessen enorme Karriere lediglich durch den 2. Weltkrieg gestoppt wurde), prägte zwei wunderschöne Sätze. Der erste, humorvoll gemeint, lautete: „Frauenkenner enden im Kloster" und wurde mit Recht begeistert kolportiert. Sein zweiter, etwas nachdenklicherer Aphorismus: „Wer behauptet, Frauen zu verstehen, ist auch sonst nicht sehr glaubwürdig." Im Grunde wohnt einer solchen Bemerkung eine wahrhaft tiefe Liebe zum anderen Geschlecht inne. Das passte auch zu Willy Forst, seine Erfolge beim weiblichen Geschlecht erregten damals schon Bewunderung. Jedenfalls wusste er etwas Wichtiges: Frauen muss man nicht verstehen, man muss sie lieben. **(PE Ende)**

8.b. Tod

Die endgültige Trennung ist der Tod eines geliebten Menschen. Dieses „Beziehungsende" hat unterschiedliche Facetten, die zu kennen wichtig ist. Allgemein wünschen wir uns einen **„würdigen Tod"**, einen Tod ohne Schmerzen, Angst, Siechtum und lange Pflegebedürftigkeit. Leider gibt es die weit verbreitete Tendenz bei Ärzten, man müsse das Leben um jeden Preis erhalten. Dabei **wird nicht selten eine Lebensverlängerung zur Sterbensverlängerung.** Das will ich näher erklären.

In der modernen Medizin gibt es vielfache Möglichkeiten, Leben zu verlängern. Dazu gehören:
- künstliche Beatmung
- Herz-Kreislauf-Stützung
- künstliche Ernährung unter Umgehung der normalen Nahrungsaufnahme (mit Hilfe einer PEG-Sonde [perkutane endoskopische Gastrostomie] – das ist ein durch die Haut direkt in den Magen verlegter Kanal, mit dem man wohldosierte und optimal zusammengesetzte Nahrung zuführen kann)
- Infektionsbekämpfung mit wirkungsvollen Antibiotika
- engmaschige Stoffwechselbilanzierung und -regulierung.

Diese Maßnahmen sind dann ein Segen, wenn es sich um vorübergehende Störungen handelt, nach deren Überbrückung wieder ein sinnvolles Leben möglich ist. Es wird aber von manchen Ärzten dahingehend missverstanden, dass auch bei einem unheilbar Kranken, wo weiteres Leben nicht mehr selbstbestimmt und sinnvoll möglich ist, trotzdem immer weiter lebenserhaltende Maßnahmen gemacht werden, die somit statt zur Lebensverlängerung zur Sterbensverlängerung führen.

„**Sinnvoll**", „**selbstbestimmt**" und „**unheilbar**" – diese Begriffe bedürfen näherer Erläuterung.

Ein Dahindämmern, das keine Chancen auf Besserung hat, ist kein selbstbestimmtes Leben. Hinwiederum kann ein Mensch, der „unheilbar" ist, noch Sinn in seinem Leben finden, wenn beispielsweise der dringende Wunsch besteht, noch etwas Wichtiges zu erledigen, etwa eine Versöhnung, ein rechtlicher Schritt etc.

Einer meiner Patienten hatte ausgebreitete Krebsmetastasen. Wir hatten mit ihm schon ausführliche einfühlsame Gespräche über die Umstellung auf Palliativmedikation geführt. Er wusste von seinem nahen Sterben, wollte davor aber noch seine langjährige Lebensgefährtin heiraten, was auch wesentliche finanzielle Auswirkungen für diese haben sollte. Wir arrangierten es. Ein Standesbeamter kam ins Krankenhaus, der Patient wurde mit Mühe im Bett aufgesetzt, ich war Trauzeuge. Wenige Tage später starb er in Ruhe.

In solchen Fällen geht es darum, mit allen Mitteln „selbstbestimmtes und sinnvolles" Leben zu erhalten, auch bei „Unheilbarkeit".

8.c. Sterbebegleitung – Sterbehilfe

Nicht (mehr) selbstbestimmt ist ein Mensch, der dahindämmert, ohne weitere Willensäußerungen zu vermögen. Dort, wo keine Heilung oder Besserung zu erwarten ist (Wachkoma-Patienten; Schlaganfall-Patienten nach völlig ausgeschöpften und vergeblich gebliebenen Rehabilitationsbemühungen, Hirnmetastase-Patienten etc.) müssen Angehörige und Ärzte darüber ein klares Gespräch führen. Das „Wie" dabei (von ärztlicher Seite) ist natürlich sehr wesentlich. Ärztliche Aussagen wie: „Wir können nichts mehr machen" oder „Wir brechen die Therapie ab" sind unbedingt abzulehnen (denn sie entsprechen auch nicht der ganzen Wirklichkeit). Das was ich **„Positivieren"** genannt habe, ist dabei wesentlich, denn wir brechen nicht die Therapie ab, sondern gehen von der kurativen Therapie zu einer **Palliativtherapie** über, die in einem solchen Stadium das einzig Sinnvolle ist. Das ist eine Behandlung, die nicht mehr auf Heilung abzielt (kurativ), sondern sich die Aufgabe setzt, die restliche Lebenszeit des Patienten mit der noch möglichen Lebensqualität zu erfüllen. Dabei geht es vor allem um Medikamente, die Angst und Unruhe dämpfen. Es gibt auch solche, die die Stimmung und das Allgemeinbefinden etwas heben (z. B. Cortison).

Als Arzt erklärt man, weiter dabeizubleiben, um einerseits die menschliche Begleitung, anderseits die optimale palliativ-medikamentöse Versorgung wahrzunehmen. Den Angehörigen ist vor allem weitere freundliche Zuwendung zu empfehlen.

Auch ein Patient, der keiner sprachlichen Äußerung mehr fähig ist, kann auf freundliches Mit-ihm-Sprechen und freundliche Berührung (etwa streicheln) durchaus noch ansprechen. Deshalb habe ich als Ärzteausbilder immer darauf hingewiesen, dass es absolut notwendig ist, auch neben und mit einem Bewusstlosen immer so zu sprechen, dass er es auch hören kann. Diese Regel wird leider von Ärzten und Pflegepersonen auch heute nicht immer eingehalten. Mehrfach habe ich später von anscheinend völlig Bewusstlosen erzählt bekommen, dass Gespräche doch zu ihnen durchgedrungen sind und sie geängstigt haben. Wir konnten das Reagieren auf menschliche Zuwendung bei Bewusstlosen auch daran „objektivieren", dass sich am Monitor (elektronisches Überwachungsgerät) die vegetativen Funktionen änderten.

So kann also die **„menschliche Beziehung" bis zuletzt** noch hilfreich sein.

Das Gespräch mit Angehörigen und Patienten über die „Unheilbarkeit" soll klar und einfühlsam erfolgen. Man soll dazu auch mehrfach bereit sein, weil erfahrungsgemäß das Bedürfnis danach keineswegs mit „einer Aufklärung" gestillt ist. Dabei haben auch die Begriffe „Sterbehilfe" und „Sterbebegleitung" ihren wichtigen Platz. Sie sollen daher folgend näher beleuchtet werden.

Sterbebegleitung ist menschliche, soziale, ärztliche und pflegerische Begleitung Schwerstkranker und ihrer Angehörigen, die dem Arzt eine wesentliche Aufgabe sein soll, damit die (richtig angewandt äußerst segensreiche) Medizintechnik nicht die Humanität in der Medizin überdeckt. Einiges davon wurde im Vorigen schon angesprochen.

„Passive Sterbehilfe" bezeichnet das Weglassen lebensverlängernder Maßnahmen bei dahindämmernden Patienten ohne Besserungsaussicht. Rechtlich, ethisch und auch in der allgemeinen Meinung scheint das eine nicht nur tolerierbare, sondern wünschenswerte Maßnahme zu sein. Ein kürzlich durch die Medien gegangener Fall zeigt aber, dass es auch darüber kontroverse Ansichten gibt. Bei einer jahrelang im Wachkoma liegenden

Patientin beschlossen Ärzte und Angehörige in Italien gemeinsam, endlich die künstliche Nahrungs- und Flüssigkeitszufuhr zu unterbrechen. Der populistische Premierminister Berlusconi versuchte es zu verbieten. Da jedoch der (einer anderen Partei angehörige) Präsident seine Unterschrift verweigerte, durfte die sinnvolle passive Sterbehilfe erfolgen.

Die „aktive Sterbehilfe" ist das Setzen von Maßnahmen, die den Tod einer unheilbaren und nur mehr dahindämmernden Person herbeirufen oder beschleunigen. 2008 ergab eine demographische Befragung in Deutschland (1786 Personen): Zustimmung und Wunsch einer gesetzlichen Regelung 58 %; Ablehnung 19 % (*Payk*[32]). Bei den (teilweise sehr emotional geführten) Diskussionen pro und contra aktive Sterbehilfe werden unterschiedliche rechtliche, ethische, religiöse und biologische Argumente angeführt. Mir erscheint daraus Folgendes vordergründig:

Pro: Man muss den Willen eines kranken Menschen achten (Patientenautonomie).

Contra: Es kann auf alte und kranke Menschen Druck entstehen (unter Umständen auch durch ihre Angehörigen), „der Gesellschaft nicht zur Last zur fallen."

Die „Deutsche Gesellschaft für humanes Sterben" gibt die Zeitschrift „Humanes Leben – Humanes Sterben" heraus, die für die Legalisierung jeder Art von Sterbehilfe eintritt. Die Gesetzgebung ist diesbezüglich diametral verschieden. Österreich und Deutschland verbieten jede Art von aktiver Sterbehilfe; die Benelux-Staaten hingegen gestatten sie (selbstverständlich unter gewissen Sicherungskautelen). In den Niederlanden gibt es diesbezüglich Erfahrungen seit 2001. Der ursprünglich von den Gegnern der aktiven Sterbehilfe befürchtete „Dammbruch-Effekt" (unverhältnismäßige Zunahme an aktiver Sterbehilfe) ist nicht eingetreten. Die Zahlen sind etwa gleichgeblieben.

---

[32] Payk T. R.: Der beschützte Abschied. Streitfall Sterbehilfe. München: Kösel-Verlag 2009. Der Autor ist ein emeritierter Leiter der Klinik für Psychiatrie und Psychotherapie in Bochum. Mit Zweitdoktorat ist er Psychologe. - Das Buch ist seriös, gründlich und ohne einseitige Stellungnahmen geschrieben. Es werden die unterschiedlichen Auffassungen zum Suizid und zur Sterbehilfe von der Antike bis in die Gegenwart ausführlich behandelt sowie die durchaus unterschiedlichen Aussagen von Würdenträgern der katholischen und der evangelischen Kirche im Laufe der Zeit (insbesondere der NS-Zeit, aber auch schon vorher).

Eine weitere heikle Frage, zu der es ebenfalls sehr unterschiedliche Ansichten gibt, ist der Suizid: Soll man den Wunsch zu sterben (also die Suizidabsicht) akzeptieren oder mit allen Mitteln (etwa beim versuchten Suizid) bekämpfen? Dazu müssen wir Ärzte uns die Frage stellen: Ist es eine klare, freie Überlegung oder ist sie krankhaft mitgesteuert?

- Eine krankhafte Mitsteuerung eines Suizids ist dann anzunehmen, wenn bei dem Suizidgefährdeten eine **Depression** klinisch klar zu diagnostizieren ist. Eine solche geht an und für sich mit Hoffnungslosigkeit einher und kann kleine äußere Umstände als unüberwindbare Berge erscheinen lassen. Hierbei ist also ärztliche Therapie dringend angezeigt, wenn Suizidabsicht oder schon ein Suizidversuch vorliegt.
- Auch bei **Kurzschlussreaktionen** in momentanen Krisensituationen kann fallweise bei klarer Betrachtung von außen her gesehen werden, dass es sich keineswegs um eine unüberwindbare Krise handelt, sondern diese nur durch die momentane Schocksituation unüberwindbar scheint.
- Anderseits sehen wir aber sogenannte „**Bilanzsuizide**", bei denen auch für den Außenstehenden (Arzt) einsehbar ist, dass der Suizid begreifbar ist und man ihm eigentlich nicht entgegenwirken sollte.

Nach dem „Anschluss" Österreichs an Hitler-Deutschland im Jahre 1938 begingen viele Wiener Juden unter Voraussicht dessen, was nach den bisherigen Demütigungen auf sie zukam, Suizid.

Als die Hirnmetastase seines Bronchialkarzinoms diagnostiziert war, ersuchte der ärztliche Leiter einer Wiener chirurgischen Abteilung seine Mitarbeiter, ihn in seinem Arbeitszimmer einen Nachmittag und Abend nicht zu stören. Sie respektierten das, obwohl es ziemlich klar war, worum es sich handelte. Der Professor nahm dann hohe Dosen eines Schlafmittels ein und wurde am nächsten Morgen tot aufgefunden.

Payk berichtet von einem Arzt, der seine 76-jährige Patientin bewusstlos in ihrer Wohnung auffand. Er unternahm nichts, um die Frau zu retten; verblieb so lange in ihrer Wohnung, bis der Tod eingetreten war. Die Patientin hatte eine Herz- und Gelenkerkrankung und schon vordem schriftlich und mündlich den Todeswunsch geäußert. Gegen den Arzt wurde Anklage wegen Tötung durch unterlassene Hilfeleistung erhoben. Er wurde jedoch in letzter Instanz freigesprochen, da die Achtung des Selbstbestimmungsrechts den Vorrang vor der Verpflichtung zum Lebensschutz habe.

Wer in Fällen wie diesen von Recht oder Unrecht spricht, ist (glaube ich) vermessen. Ich stimme mit *Payk* überein, der dringend von einer „starren

Verrechtlichung des Sterbens" abrät. Einiges darüber ist auch in *Barolin* (2006, aktualisiert 2009) nachzulesen.

Hilfe zum Suizid („**assistierter Suizid**") ist in der Schweiz erlaubt. Die schweizerische Akademie der Wissenschaften hat 2003 empfohlen, bei älteren und pflegebedürftigen Personen ihrem Wunsch nach Mithilfe zum Suizid angemessen Rechnung zu tragen (*Payk*). Will man dem folgen, gilt es jedoch, den Suizidwunsch (entsprechend obgesagtem) sehr differenziert zu betrachten und eventuell andere indizierte ärztliche Möglichkeiten gezielt einzusetzen.

Indirekte Sterbehilfe bedeutet, dass man bei der ärztlich und ethisch angezeigten zureichenden Dämpfung von Schmerz, Unruhe und Angst mit in Kauf nimmt, dass durch die Medikation eine (eventuelle) Lebensverkürzung erfolgt. (Im Gegensatz zur aktiven Sterbehilfe wird die Lebensverkürzung nicht angestrebt. Sie wird nur als weniger schwerwiegend angesehen, als den Patienten ohne entsprechende Medikation in Schmerz, Unruhe und Angst zu belassen.) Es wird dafür auch der Ausdruck „terminale Sedierung" verwendet. Das entspricht nicht nur unserem geltenden Recht, sondern auch dem katholischen Kirchenrecht: Als „principium duplicis effectus" wird eine solche Doppelwirkung des Medikaments ausdrücklich gutgeheißen.

Das **Patientenrecht** wird heute stärker betont als ehemals. In der Vergangenheit wurde es stark paternalistisch gesehen:

Heute stellt man (erfreulicherweise) den Willen des Patienten rechtlich mehr in den Vordergrund. Allerdings kann das Pendel wiederum in die Gegenrichtung schädlich ausschlagen. Ich höre leider von Pflegeheimen, dass Ärzte sich scheuen, bewusstseinsgetrübten alten Menschen, die nachts stundenlang schreien (etwas sehr häufiges in Alten- und Pflegeheimen), dämpfende Medikamente zu geben, da sie meinen, der Patientenanwalt könne ihnen daraus den Vorwurf der Freiheitsberaubung machen. Das ist eine Fehlauffassung der Rechtslage. Aus einer Höherwertung des Patientenrechts darf keineswegs eine „Patientenpflicht" zum Leiden werden (siehe auch Vorgesagtes zum „principium duplicis effectus").

Jeder von uns hat die Möglichkeit, vorausblickend durch eine sogenannte **Patientenverfügung** vorzusorgen, die er den Angehörigen und seinem Anwalt übergibt, mit dem Auftrag, sie den behandelnden Ärzten zu kommunizieren. Damit wird die terminale Entscheidungsfindung erleichtert.

> ## Patientenverfügung
>
> Wenn bei mir ein **nicht mehr selbstbestimmtes Leben ohne Aussicht auf Besserung** besteht, wünsche ich professionelle **aktive Sterbehilfe**. Kann mir diese aber nicht gewährt werden, so hat **folgendes zu unterbleiben:**
>
>   a. Beatmung
>   b. Herz-Kreislauf-Stützung
>   c. Infektionsbekämpfung
>   d. künstliche Ernährung
>   e. lebensverlängernde („sterbensverlängernde") Operationen
>   f. Stoffwechselbilanzierung und -balancierung
>
> Es soll durch zureichende **Medikamentengabe** (Morphium, Neuroleptika oder ähnliches) ein ruhiges Lebensende ohne Angst, Unruhe und Schmerzen ermöglicht werden, auch wenn damit eine (eventuelle) Lebensverkürzung gegeben ist („terminale Sedierung").
>
> Wenn von mir der klare Entschluss gefasst wurde, mein **Leben selbst zu beenden**, soll dem nichts entgegengesetzt werden.
>
> Falls meine **Organe** noch für andere von Nutzen sein können, befürworte ich das.

Abb. 6: Mein Vorschlag einer Patientenverfügung (der auch rechtlich akkordiert ist) versucht, möglichst einfach zu sein. Die darin vorkommenden Begriffe sind im Text klar definiert. Da jedoch gezeigt werden konnte, dass wesentlich unterschiedliche Auffassungen zu diesen Begriffen (insbesondere zur aktiven Sterbehilfe und zum Suizid) herrschen, versucht die hier wiedergegebene Patientenverfügung, auch konträren Ansichten gerecht zu werden. Wer die Meinungen zu • aktiver Sterbehilfe, • terminaler Sedierung und • Suizid nicht teilt, kann die entsprechenden Passagen einfach durchstreichen.

Kernfragen sind: a) Wann ist das Leben nicht mehr selbstbestimmt und b) ohne Aussicht auf Besserung?

    Ein Mensch voller Metastasen hat zum Beispiel sicherlich keine Aussicht auf Besserung. Er kann aber noch bei klarem Verstand sein und einiges Wichtige für seine Familie erledigen wollen (also selbstbestimmt). Es ist dabei unsere Aufgabe, ihm mit allen Mitteln der Lebensverlängerung dazu zu helfen. Bei einem lang und optimal behandelten Cerebrovaskulär-Patienten im Koma oder in dessen Nähe hat der Arzt zu entscheiden, wann er nicht mehr besserungsfähig ist und auch nichts Relevantes über sich selbst verfügen kann. Es soll darüber vom Arzt Konsens mit den

Angehörigen oder dem folgend noch genannten Vorsorgebevollmächtigten hergestellt werden.

Dass in manchen (komplizierteren) Vorschlägen für Patientenverfügungen die Meinung mehrerer Ärzte und andere Zusatzkautelen verlangt werden, halte ich für überflüssig. Eine absolute Sicherheit kann es ohnehin nie geben, wie vordem schon gezeigt.

Ich glaube aber, dass die schwerwiegende Entscheidung mit gutem Grundlagenwissen und gewissenhaftem Eingehen auf den Einzelfall eine schöne und wichtige Aufgabe für uns Ärzte darstellt.

Sinnvollerweise kann man bei seinem Hausjuristen gleichzeitig eine **Vorsorgevollmacht** hinterlegen. Das ist eine neuere rechtliche Bestimmung in Österreich, die einen Vorsorgebevollmächtigten des eigenen Vertrauens bestimmt, der dann anstelle eines gerichtlich zu bestimmenden Sachwalters steht.

Es scheint wichtig, dass der Arzt als ständiger Vertrauter, Begleiter und Berater auch über die juristische Seite des komplexen Themas voll informiert ist.

Kürzlich wurde der Begriff „verbindliche Patientenverfügung" in das österreichische Recht aufgenommen. Eine echte „**Verbindlichkeit**" besteht aber nach wie vor nicht:
- a. gibt es keine Garantie, dass der behandelnde Arzt die Patientenverfügung überhaupt in die Hand bekommt,
- b. ist die letzte Entscheidung seinem eigenen Gewissen (seinen „Wertvorstellungen") vorbehalten.

8.d. Abschied

Die Situation des „Abschieds vom Leben" kann durch gute Beziehung wesentlich erleichtert werden. Vielfach scheut man sich davor, die möglichen Umstände klar durchzudenken. Meine Zeilen wollen sowohl zum klaren Durchdenken mit positiverer Einstellung zu einem guten Lebensende als auch zum Schätzen des Wertes einer guten Beziehung dabei verhelfen.

Es geht beim Tod eines geliebten Menschen auch darum, sich nicht in

8.D. ABSCHIED

der Trauer zu verlieren, sondern angemessen zu trauern und den Weg in das Leben ohne den geliebten Menschen klar zurückzufinden. Aussprache mit mitfühlenden (empathischen) Angehörigen und/oder Freunden kann dabei sehr hilfreich sein. Wenn größere und längerfristige Probleme auftreten, kann der Psychotherapeut helfen.

Die **„normale Trauer"** sollen wir uns gestatten und sie soll auch nicht durch Medikamente überdeckt werden. Wichtig ist es, zu erkennen, wenn die „normale, gesunde und vernünftige" Trauer in eine krankhafte Trauer mit **Depression** übergeht. Als Faustregel rechnet man ein halbes bis ein Jahr und auch in den Sitten und Gebräuchen hat sich das als „das Trauerjahr" eingebürgert. Der Therapeut hat zu erkennen, wenn eine krankhafte Dauertrauer im Sinne einer Depression daraus wird und dabei kann und soll man auch medikamentös helfen.

Die Notwendigkeit, bei allem Respekt vor dem Verstorbenen, wieder ins normale Leben zurückzufinden, signalisiert auch das übliche Trauermahl. Es trifft sich dabei die Trauergemeinde, spricht noch einiges über den Verstorbenen, aber dann geht man zur freundschaftlichen Alltagskommunikation über.

Es gibt ein altes Wienerlied, dessen eine Strophe sich – wie ich meine – sehr vernünftig und realistisch mit überlanger Trauer und dem Zurückfinden in den Alltag auseinandersetzt, und das möchte ich an den Schluss stellen.

> Wan i ma vorstell', es is amal aus
> Sechs schwarze Lackeln, die schleppen mich 'naus
> Hinterdrein hatschen nur traurige Leut
> Glaubt's ihr, dass mich das in der Kist'n vorn g'freut?
> Froh hab i g'lebt und so wüll i a sterben
> Mir soll ka Teufel die Stimmung verderben
> Drum schaut's net so tramhappert drein
> Denkt's euch: Was sein muss, muss sein!

Danke für Ihr Interesse. Ich hoffe, es wird Ihnen manches aus dem Buch vielleicht dann und wann, wenn es gerade notwendig ist, ins Bewusstsein zurückkommen und wirken. Sehr dankbar wäre ich, wenn sich unsere Autor-Leser-Beziehung fortsetzt, indem Sie mir Ihre Meinungen zukommen lassen. So kann auch ich von Ihnen noch etwas lernen.

9. Literatur

Barolin G. S.: Integrierte Psychotherapie. Anwendungen in der Gesamtmedizin und benachbarten Sozialberufen. Wien–New York: Springer 2006 (aktualisiert 2009).
Alle nicht einzeln genannten Quellen entstammen diesem Buch, zusammen mit wesentlich ausführlicherer Beschreibung und anderer weiterführender Literatur. – Die Aktualisierungsblätter des Autors können von diesem kostenfrei angefordert oder bei Suche mittels Buchtitel oder Autor von www.springer.at heruntergeladen werden.

Alafenisch S.: Die acht Frauen des Großvaters. Zürich: Unionsverlag 1989.
Brähler E., Berberich H. J. (Hg.): Sexualität und Partnerschaft im Alter. Gießen: Psychosozial-Verlag 2009.
Brisch K. H.: Bindungsstörungen. Von der Bindungstheorie zur Therapie. Stuttgart: Klett-Cotta 2006.
Chu V.: Von der schwierigen Kunst, treu zu sein. Warum wir betrügen, was wir lieben. München: Kösel-Verlag 2008.
Clunis D. M., Green G. D.: Geliebte – Freundin – Partnerin. Eine Ratgeberin für Lesben. Berlin: Orlanda Frauenverlag 1995.
Diamond J.: Der dritte Schimpanse. Evolution und Zukunft des Menschen. Frankfurt/M.: Fischer-Verlag, 3. Auflage 2007.
Dierkes U. M.: „Meine Schwester ist meine Mutter". Inzestkinder im Schatten der Gesellschaft. Düsseldorf: Patmos 1997.
Dirie W.: Wüstenblume. München: Schneekluth Verlag 1998.
Frick J.: Ich mag dich – du nervst mich! Geschwister und ihre Bedeutung für das Leben. Bern: Hans Huber Verlag, 3. Auflage 2009.
Girtler R.: Der Strich. Soziologie eines Milieus. Wien: LIT Verlag, 5. Auflage 2004.
König-Hollerwöger R.: Grenzstrich. Österreich – Tschechien. Der verborgene Weg. Wien: Verlag Der Apfel 2008.
Lorenz K.: Über tierisches und menschliches Verhalten. 2 Bände. München: Verlag Piper 1965.
Muth K.: Versteckte Kinder. Trauma und Überleben der „Hidden Child-

ren" im Nationalsozialismus. Gießen: Haland & Wirth im Psychosozial-Verlag 2004.

Neises M., Barolin G. S.: Genderspezifische Aspekte in der Psychotherapie. Wiener Medizinische Wochenschriften, Schwerpunktheft psychotherapeutische Medizin 11/12 2009.

Ochs M., Orban R.: Familie geht auch anders. Wie Alleinerziehende, Scheidungskinder und Patchwork-Familien glücklich werden. Heidelberg: Carl Auer Verlag 2008.

Payk T. R.: Der beschützte Abschied. Streitfall Sterbehilfe. München: Kösel-Verlag 2009.

Ponholzer, Doz. Dr. Anton, Urologisch-andrologische Abt. im Sozialmedizinischen Zentrum Ost (SMZ Ost) Wien, pers. Mitt.

Revenstorf D.: Die geheimen Mechanismen der Liebe. Sieben Regeln für eine glückliche Beziehung. Stuttgart: Klett-Cotta 2008 (S. 52, 79, 89).

Rosenmayr L.: Zukunft des Alterns und gesellschaftliche Entwicklung. Akademie der Wissenschaften zu Berlin. Berlin–New York: Walter de Gruyter 1992.

Rossi S.: Fucking Berlin. Berlin: Ullstein 2008.

Sachse R., Sachse C.: Wie ruiniere ich meine Beziehung – aber endgültig. Stuttgart: Klett-Cotta, 3. Auflage 2007.

Schelsky H.: Soziologie der Sexualität. Hamburg: Rowohlt 1955.

Schwiderski F.: Beziehungsweise glücklich. Profi-Tipps von Paartherapeuten. München–Basel: Ernst Reinhardt Verlag 2007.

Stumm G., Pritz A. (Hg.): Wörterbuch der Psychotherapie. Wien–New York: Springer, 2. Auflage 2009.

Vereinigung österreichischer Kriminalisten: Tatort Kinderzimmer. Hagenbrunn: Bzoch 2008.

Weidinger B., Kostenwein W., Dörfler D.: Sexualität im Beratungsgespräch mit Jugendlichen. Wien–New York: Springer 2004.

Schlagwortregister

Adler, Alfred 27
Adoptivkinder 38, 61
Affen 8
Aggression 11
Ambivalenz 11
Arterhaltung 10
Autogenes Training 32
City Speed Dating 90
Ehe 80
Eherecht 65, 93
Einsamkeit 8
Empathie 46
Empty-Nest-Syndrom 16
Entjungferung 57
Erektionsfähigkeit 73
Erotik 7, 46, 55
Erotische Signale 51
Familientherapie 41
Fernsehen 32
Frankl, Viktor 41
Fremdgehen 77
Freud, Sigmund 27, 41, 47
Geschlechtsreife 56
Geschwisterbeziehung 35
Gesundheit 7
Helfersyndrom 36
Homosexuelle Beziehung 49
Identifikation 11
Imitationslernen 28
Impotenz 73
Individualpsychologie 27

Integrierte Psychotherapie 8, 24, 42, **43**
Inzest **16**
Jugendorganisation 29
Kompensation 11
Kuckuckskinder 77
Lebensqualität 7
Machomentalität 53
Medizin-Didaktik 27
Mutterbett 13
Mutter-Kind-Beziehung 7, 10, 12
Nobelverwahrlosung 31
Ödipus-Komplex 13
Orgasmus 51
Paarbeziehung 76
Pädagogik **26**
Palliativtherapie 100
Patchwork-Familie 76
Patientenrecht **104**
Patientenverfügung **105**
Peergroups 29, 39
Petting 70
Pfadfinder **29**
Pflegekinder 38
Pille zur Schularbeit 31
Projektion 11
Prostitution **63**
Psychotherapeutische Beziehung **40**
Psychotherapie, Einteilung **45**
Pubertät 15

110

SCHLAGWORTREGISTER

Pygmalion-Phantasie 83
Regression 11
Salutogenese 11, 41
Scheidung 34
Selbstbefriedigung 58
Sextourismus 65
Sexualbeziehung 49
Sexualität 7, 32
Sorgerecht 97
Sozialreife 56
Spiegelneuronen 32
Strafen 33

Swinger-Clubs 58
Transmitterkaskade 51
Trauer 107
Überfürsorge 12
Übertragung 11
Verdrängung 11
Verhaltenstherapie 41
Verliebtheit 50, 81
Vorsorgevollmacht 106
Wohngemeinschaft 24
Würdiger Tod 99

Inhalt

Vorwort 5
1. Einleitung, Zusammenfassung und Absichtserklärung in einem . . 7
2. Die Familienbeziehung 10
   2.a. Die Kind-Mutter-Beziehung 12
   2.b. Die Vater-Sohn-Beziehung 13
   2.c. Kinder allgemein 14
   2.d. Inzest 16
   2.e. Großeltern 21
3. Alt und Jung allgemein 23
4. Beziehungen in der Schulzeit 26
   4.a. Beziehung zum Lehrer / Pädagogik 26
   4.b. Geschwister-Beziehung 35
   4.c. Die Freundschaftsbeziehung 39
5. Psychotherapie und psychotherapeutische Beziehung 40
   5.a. Erotik und Psychotherapie 46
6. Die Sexualbeziehung 49
   6.a. Die homosexuelle Beziehung 59
   6.b. Gekaufte Liebe? Gekaufter Sex? Gekaufte Beziehung? . . . 63
   6.c. Sexualaufklärung 68
   6.d. Die Alterssexualität 70
7. Die Paarbeziehung 76
   7.a. Beziehungspflege 80
   7.b. Liebe 87
   7.c. Wie bahnt man Beziehung an? 88
8. Das Ende einer Beziehung 92
   8.a. Scheidung 92
   8.b. Tod 99
   8.c. Sterbebegleitung – Sterbehilfe 100
   8.d. Abschied 106
9. Literatur 108
   Schlagwortregister 110